山东青年政治学院第十二届（2023年度）学术专著出版
人才科研启动基金资助

经管文库·管理类
前沿·学术·经典

农业科技园区技术扩散下的新型经营主体技术采用行为研究

RESEARCH ON THE ADOPTION BEHAVIOR OF THE NEW BUSINESS ENTITIES UNDER THE TECHNOLOGY DIFFUSION OF AGRICULTURAL SCIENCE AND TECHNOLOGY PARK

晁 静 著

经济管理出版社
ECONOMY & MANAGEMENT PUBLISHING HOUSE

图书在版编目（CIP）数据

农业科技园区技术扩散下的新型经营主体技术采用行为研究/晁静著.—北京：经济管理出版社，2023.10

ISBN 978-7-5096-9386-5

Ⅰ.①农… Ⅱ.①晁… Ⅲ.①农业技术—高技术园区—技术发展—研究—中国 Ⅳ.①F324.3

中国国家版本馆 CIP 数据核字（2023）第 205009 号

组稿编辑：杨国强
责任编辑：杨国强
责任印制：黄章平
责任校对：陈　颖

出版发行：经济管理出版社
（北京市海淀区北蜂窝 8 号中雅大厦 A 座 11 层　100038）

网	址：www.E-mp.com.cn
电	话：（010）51915602
印	刷：唐山玺诚印务有限公司
经	销：新华书店
开	本：720mm×1000mm/16
印	张：12.25
字	数：217 千字
版	次：2023 年 12 月第 1 版　2023 年 12 月第 1 次印刷
书	号：ISBN 978-7-5096-9386-5
定	价：98.00 元

·版权所有　翻印必究·

凡购本社图书，如有印装错误，由本社发行部负责调换。

联系地址：北京市海淀区北蜂窝 8 号中雅大厦 11 层

电话：（010）68022974　邮编：100038

前　言

农业科技园区作为我国农业技术创新及扩散的有效模式，承担着农业技术研发、创新示范推广、辐射带动周边发展的重任。以农业企业、农民合作社及家庭农场为代表的新型经营主体是新时期农业现代化建设的中坚力量，亦是农业科技成果应用的主要载体，已成为农业科技园区技术扩散的主要对象之一。研究农业科技园区技术扩散背景下的新型经营主体技术采用行为，对于加快农业科技园区技术扩散，推动农业现代化发展具有重要意义。本书以宁夏吴忠国家农业科技园区为实证案例，基于"扩散空间划定—采用过程解析—扩散系统构建"的逻辑思路，深入探讨农业科技园区技术扩散背景下的新型经营主体技术采用问题。首先，综合运用行为地理学、经济地理学、农业经济学和系统科学等学科的理论方法，构建实证分析的理论框架；其次，划定吴忠国家农业科技园区技术扩散空间，并识别宏观尺度下技术扩散的空间特征；再次，将传统农户作为比较对象，从技术采用前、中、后三个角度出发，实证分析不同辐射区内新型经营主体的技术需求意愿、技术采用行为及技术采用效应，并从决策主体特征和外部环境特征两方面揭示其内在机理；最后，构建基于新型经营主体技术采用行为的农业科技园区技术扩散系统动力学模型，仿真模拟不同情景下的技术扩散与采用效率，进而提出促进园区技术扩散和各类主体技术采用的对策建议。本书主要研究内容与结论如下：

（1）划定农业科技园区技术扩散空间，揭示宏观尺度下园区技术扩散空间特征。将技术扩散环境水平、地理空间邻近度及产业结构相似度纳入引力模型，量化作为扩散源的吴忠国家农业科技园区对宁夏各县（区）的技术辐射强度，依据辐射强度大小划定园区的技术扩散空间,进一步识别宏观尺度下园区技术扩散特征。研究发现:宁夏县域技术扩散环境水平整体呈"北高南低"的空间格局,低水平地区在区位条件、地形地势、自然资源及经济条件等方面处于劣势;宏观尺度下的吴忠国家农业科技园区技术扩散呈现出扩展扩散和等级扩散相结合的空间特征,即技术扩散总体上遵循距离衰减规律,以扩散源为核心向邻近地区连续蔓延,但局部会克服距离阻碍,优先向高水平地区扩散;良好的扩散环境及畅通的扩散通道是促进园区技术扩散的重要前提。

(2)测度不同类型决策主体的技术需求及其影响因素。在系统梳理不同类型决策主体技术需求强度及需求优先序的基础上,借助有序Logit模型分析决策主体特征及外部环境特征对不同类型决策主体技术需求强度的影响。结果表明:①调研样本对新技术的需求度普遍较高但存在主体差异性,新型经营主体较传统农户有更高的新技术需求,养殖主体较种植主体有更高的新技术需求,农业企业较合作社和家庭农场有更高的新技术需求;②改良设备设施和农业信息技术分别是种植主体及养殖主体最迫切需求的技术类型,传统农户对病虫害防治、土壤改良及栽培管理等传统改良技术的需求度最高;③风险态度、经营规模及信息渠道是影响新型经营主体与传统农户技术需求强度的共同因素,其他因素对不同类型决策主体技术需求强度的影响程度具有显著的异质性。

(3)探究技术采用行为的空间特征及影响因素。基于描述性统计分析,比较不同类型决策主体的技术采用率和完全采用率;借助相关性分析,识别微观尺度下的园区技术扩散空间效应;运用Heckman两阶段模型及有序Probit模型剖析决策主体特征及外部环境特征对不同类型决策主体技术采用行为的影响。结果表明:①技术采用率与完全采用率均呈现出新型经营主体高于传统农户、一级辐射区高于二级辐射区、养殖技术高于种植技术、农业企业高于合作社及家庭农场的特征;②不同属性技术的空间扩散效应存在显著差异,奶牛健康养殖技术扩散存在明显的"邻近效应",而设施蔬菜种植技术扩散更易受到"等级效应"的影响;③影响不同类型决策主体技术采用行为的因素同中有异,技术认知、园区服务质量、信贷条件、培训强度及同质性网络是影响各类型决策主体技术采用行为的共同因素,其他因素对于不同类型决策主体技术采用行为的影响方向和影响程度存在显著差异。

（4）评估技术采用及技术集成采用的经济效应。基于均值差异检验法考察技术采用的增收潜力，进一步借助多元内生转换回归模型评估不同技术采用程度的经济效应，检验采用数量的增加能否有效提升不同类型决策主体的经济效益。结果表明：①与未采用技术的主体相比，技术采用可显著提升各类主体的经济效益，但这一增收效应在不同类型决策主体中存在明显异质性；②与仅采用一种技术相比，多项技术的集成采用对新型经营主体具有显著的增产增收效应，其中，养殖主体集成采用三种技术获益最多，种植主体集成采用两种技术获益最多；③对于传统农户而言，集成采用三种技术可使其亩均收益显著提高，但集成采用两种技术并未对其亩均收益的提高产生显著的促进作用；④描述性统计分析对集成采用效应的估计存在明显偏差。

（5）基于新型经营主体技术采用行为的园区技术扩散系统动力学仿真与模拟。在新型经营主体技术采用过程分析的基础上，以园区推广、政策支持、社会网络为核心参数，构建基于新型经营主体技术采用行为的园区技术扩散系统动力学模型，并模拟不同政策情景下的新型经营主体技术采用行为的动态变化情况。模拟仿真结果表明：①基于新型经营主体技术采用行为的园区技术扩散系统是由多因素共同作用而成的动态复杂系统，多种因素的协同作用可有效加速技术的扩散过程，促进新型经营主体的技术采用和完全采用；②仿真时段内的新型经营主体技术完全采用曲线基本呈"S"型增长趋势，完全采用速率基本呈倒"U"型趋势，符合创新扩散的一般规律；③在其余参数值不变的条件下，改变单一参数值会对新型经营主体技术采用带来不同程度的影响。其中，园区服务质量、农业补贴政策及信贷支持政策对决定采用量的提升效果最大；同质性网络传播、园区服务质量及农业补贴政策对完全采用量的提升效果最大。

（6）促进园区技术扩散和技术采用的对策与建议。基于前文研究和分析结果，主要围绕优化推广模式、强化政策支撑、畅通信息渠道和培植内生动力四个方面展开讨论。在优化推广模式方面，应完善需求导向下的技术推广策略，增强园区技术推广的针对性，建立健全多样化的技术服务体系，提高园区技术服务的有效性；在强化政策支撑方面，应加大对技术采用的政府补贴力度，提升各类主体的采用积极性，加强对技术采用的金融信贷支持，增强对各类主体的经济诱导；在畅通信息渠道方面，应加强多维社会网络的建设与培育，推动信息传播途径的多元化，充分发挥同质性网络的示范作用，强化异质性网络的引导作用；在培植内生动力方面，应重视多渠道的技术宣传和培训，提高各类主体的技术认知程度，加大人力资本培育的投入力度，提高各类主体的技术接受能力。

目　录

第一章　绪论 ··· 1

　　第一节　研究背景 ·· 1
　　第二节　研究目标与意义 ·· 4
　　第三节　研究内容与技术路线 ··· 7

第二章　理论基础及文献回顾 ·· 12

　　第一节　概念界定 ··· 12
　　第二节　理论梳理 ··· 17
　　第三节　文献回顾 ··· 22
　　第四节　框架构建 ··· 34

第三章　农业科技园区技术扩散空间划定与样区选择 ··················· 37

　　第一节　吴忠国家农业科技园区简介 ································· 37
　　第二节　宁夏县域农业技术扩散环境评价 ·························· 42
　　第三节　园区技术扩散空间划定 ····································· 49
　　本章小结 ·· 51

第四章　新型经营主体技术采用现状分析 ································ 52

　　第一节　实地调研方案 ·· 52

第二节　样本特征分析 ………………………………………………… 55

第三节　技术采用行为特征分析 ………………………………………… 60

本章小结 …………………………………………………………………… 69

第五章　新型经营主体技术需求及影响因素分析 ……………………… 71

第一节　技术需求影响因素的分析模型 ………………………………… 71

第二节　技术需求影响因素的回归结果 ………………………………… 77

第三节　技术需求的影响因素 …………………………………………… 82

本章小结 …………………………………………………………………… 87

第六章　新型经营主体技术采用及影响因素分析 ……………………… 89

第一节　技术扩散的空间特征 …………………………………………… 89

第二节　技术采用影响因素的研究假说与模型构建 …………………… 93

第三节　技术采用影响因素的回归结果 ………………………………… 101

第四节　技术采用的影响因素 …………………………………………… 107

本章小结 …………………………………………………………………… 114

第七章　新型经营主体技术采用的经济效应分析 ……………………… 116

第一节　技术采用效应的统计分析 ……………………………………… 116

第二节　集成采用效应的研究假说与模型构建 ………………………… 118

第三节　集成采用效应的估计结果 ……………………………………… 123

本章小结 …………………………………………………………………… 129

第八章　基于新型经营主体技术采用的园区技术扩散系统模拟 ……… 131

第一节　理论分析与模型确定 …………………………………………… 131

第二节　系统动力学模型构建 …………………………………………… 133

第三节　系统动力学模型检验 …………………………………………… 138

第四节　情景模拟与结果分析 …………………………………………… 141

本章小结 …………………………………………………………………… 151

第九章　对策与建议	153
第一节　优化推广模式	153
第二节　强化政策支撑	155
第三节　畅通信息渠道	158
第四节　培植内生动力	160
第十章　结论与展望	163
参考文献	168

第一章 绪论

第一节 研究背景

一、各级政府对农业科技创新的高度重视

我国农业已进入由传统农业向现代农业、由生产主导型农业向技术主导型农业转变的新阶段，农业科技创新作为这一转变过程中的强力引擎，长期以来备受社会各界的广泛关注。围绕农业科技创新问题，各级政府已陆续开展了诸多有益实践及探索，在农业科研体系的构建、科技人才的培育、科技园区的创建及创新技术的推广等方面均给予了相应的政策支持。中央一号文件连续20年聚焦"三农"问题，强调农业科技创新在农业现代化进程中的引领作用，政策内容不断变革、政策措施逐年加强、支持力度持续加大；"星火"计划、"丰收"计划、"863"计划、"火炬"计划等指导计划先后对农业科技创新进行了多层次的政策引导；五位一体、四化同步、科技兴农、创新驱动等国家战略亦就此作出明确部署，为解决农业科技创新中的资源合理配置及有效利用问题提供了指引。此外，中央先后出台了《全国农业现代化规划（2016-2020年）》《农业科技创新能力条件建设规划（2016-2020年）》《"十四五"推进农业农村现代化规划》《"十四

五"全国农业农村科技发展规划》等规划文件，为完善农业创新政策体系、推动农业科技进步作出了重大贡献。2018年9月，《乡村振兴战略规划（2018-2022)》印发，将农业现代化与农村现代化一并作为战略实施总目标，明确了农业科技创新在战略中的支撑作用，赋予其更高的使命要求。可见，我国针对农业科技创新已基本形成了目标明确、重点突出的政策支撑体系，未来将不断加大对农业科技创新各环节的支持力度。

二、农业科技成果推广过程中的现实问题

多重政策红利叠加之下，我国农业科技创新步伐明显加快、成果显著增长，在绿色优质品种培育、节水控水、安全高效标准化、农业废弃物循环利用等方面突破了一批核心关键技术和技术集成模式。截至2018年底，我国农业科技自主创新共获得国家各类科技奖励2227项，公开发表的学术论文、发明专利、标准及品种等数量逐年递增，农业科技研发能力已位居世界前列。但从科技创新实践来看，我国农业领域科技仍存在科技成果转化率低、技术供给与需求不协调的问题。

一方面，我国农业科技成果的有效供给不足，基础性前沿研究存在短板，未能通过实际采用"转化"为现实生产力，科技进步的贡献率和发达国家相比仍存在较大的差距。据统计，我国农业科技进步的贡献率从1978年的不足30%上涨至2022年的62.4%，但早在20世纪末，发达国家的平均农业科技贡献率便已达到55%，目前，荷兰、德国、美国等国家的农业科技贡献率已超90%。

另一方面，我国农业科技创新成果的有效供给和市场需求的脱节仍较为严重，创新成果普及率低。现行的农业科技成果推广模式确立于计划经济时代，以自上而下式的政府公共农技推广为主导，随着市场经济的不断深入，传统技术供给模式逐渐与采用主体的实际需求产生偏离，致使推广工作效率不明显，科技成果采用率较低。因此，有必要从自下而上的视角出发，将推广模式由成果导向型转为需求导向型，更加切实有效地实现科研与生产的衔接，满足各类农业经营主体的技术需求。

三、农业科技园区在技术推广过程中的关键作用

作为我国农业科技创新与扩散的新兴模式，农业科技园区既是农业科技成果转化的重要载体，也是创新技术辐射扩散的技术极。其以市场为导向、以科技为支撑、以示范为重点，本质上是我国制度创新及制度变迁的产物。20世纪90年代，国务院首次批准建成杨凌农业高新技术产业示范区，掀起了农业科技园区建设的热潮，区域层面的农业园区探索也陆续起步。2001年，中央首次将农业科技园区纳入《农业科技发展纲要》，并组织科技部等六部委联合启动国家农业科技园区建设工作。历经试点建设、全面推进及创新发展三个阶段，截至目前，共验收通过9批303个国家农业科技园区。此外，农业农村部相继认定了国家现代农业示范区283个、国家现代农业产业园150个、台湾农民创业园19个及海峡两岸农业合作试验区14个，各省市陆续建成了20家省级农业高新技术产业示范区、992家省级农业科技园以及4000多家地市级农业科技园区，梯次接续的农业科技园区发展格局基本形成。一直以来，国家对农业科技园区建设给予了高度重视及大力支持，各项政策相继出台，中央一号文件连续多年强调提升农业科技园区的建设水平；《国家农业科技园区发展规划》的印发旨在加快农业科技园区的创新发展；乡村振兴战略亦就"深化农业科技园区"作出了工作部署。总体来看，农业科技园区作为一种复杂的技术集成推广组织，在我国农业技术推广过程中起到关键作用，对其技术扩散与采用问题的探索是促进农业科技成果扩散、推动区域现代农业发展的重要课题。

四、国家政策对新型经营主体的重点关注

随着市场经济的不断渗透以及社会分工的逐步完善，传统小农经济及小农生产模式逐渐被打破，以农民合作社、种养殖大户、龙头企业、家庭农场等为代表的新型农业经营主体（以下简称"新型经营主体"）应运而生，成为新时代解决"三农"问题、实施乡村振兴战略的主力军。2012年，中央农村工作会议明确提出培育新型经营主体，着力构建新型农业经营体系，并采取了一系列措施给予

政策扶持；党的十八大报告强调，应发展多种形式的规模经营，构建专业化、集约化、社会化及组织化相结合的新型经营主体体系；党的十八大以后，中央进一步对发展适度规模经营、培育新型经营主体作出了全面部署与统筹安排，促使新型经营主体涉及领域持续拓宽、总体规模不断扩大、产业化水平逐渐增强。据统计，截至2020年底，我国农业产业化龙头企业、农民合作社、家庭农场等各类新型经营主体总量已达600万家，其中，农业产业化龙头企业超9万家，依法注册的农民专业合作社超220万家，家庭农场达300万家。与传统农户相比，新型经营主体经济实力雄厚、技术需求强烈、抗市场风险能力强且较易掌握先进技术，是农业科技成果应用的新兴主体。因此，明确新型经营主体的技术需求及采用行为，是推动我国农业供给侧结构性改革、实现乡村振兴发展的应有之义。

综上所述，适应国家推动农业现代化的发展理念和思路，统筹考虑新型经营主体技术采用行为，加快农业科技园区技术扩散研究显得尤为迫切。

第二节 研究目标与意义

一、研究目标

本书的主要目标如下：

（1）构建基于新型经营主体技术采用行为的农业科技园区技术扩散研究框架。立足于行为地理学、经济地理学、农业经济学及系统科学理论，构建以吴忠国家农业科技园区为扩散源，以奶牛健康养殖技术和设施蔬菜种植技术为代表性技术，以新型经营主体为技术采用主体的园区技术扩散系统，并以"扩散空间划定—采用过程解析—扩散系统构建"为研究思路，深入研究园区技术扩散背景下的新型经营主体技术采用问题。

（2）解析农业科技园区技术扩散背景下的新型经营主体技术采用行为。在划定吴忠国家农业科技园区技术扩散空间的基础上,从技术采用前、中、后三个视角出发,深入剖析农业科技园区不同辐射区内不同类型决策主体的技术需求意愿、技术采用行为及技术采用效应,并从决策主体特征和外部环境特征两方面揭示其内在机理,为解释与把握园区技术扩散背景下的新型经营主体技术采用行为提供理论依据与方法借鉴。

(3)仿真模拟不同政策情景下的新型经营主体技术采用行为。在前文研究的基础上,构建基于新型经营主体技术采用行为的农业科技园区技术扩散系统动力学模型,仿真模拟不同政策情景下的新型经营主体技术采用行为变化情况,揭示核心参数对新型经营主体技术采用影响的演化规律。基于此,提出促进园区技术扩散及新型经营主体技术采用的对策建议。

二、研究意义

(一)理论意义与学术价值

一是拓展行为地理学的研究视角。既有行为地理学研究多立足于城市区域,探讨城镇居民日常行为与城市空间之间的互动关系,较少关注传统农区农业经营主体的行为活动。尽管部分农业经济学者借助行为科学理论探讨了农户的技术采用行为,但并未从行为地理学视角论证决策主体行为与外部环境之间的关系。本书基于行为地理学的基本范式,结合相关理论与方法,从决策主体特征和外部环境特征两方面解析农业科技园区扩散空间内不同类型决策主体的技术采用行为,是对行为地理学研究视角的有效拓展。

二是丰富农业技术采用的研究内容。目前,关于农业技术采用的研究主要聚焦于传统农户的微观行为,集中探讨技术采用需求动机、决策行为及影响因素等内容。针对农业企业、合作社及家庭农场等新型经营主体的技术采用研究较为鲜见,对农业现代化背景下这一新兴主体的技术需求研究不够;且研究内容以影响因素分析居多,较少涉及农业技术采用动态过程以及采用过程中的空间效应,对采用行为、决策主体及外部环境之间的互动关系解释有限。本书以农业企业、合作社及家庭农场三类新型经营主体为对象,以传统农户为参照,探究不同外部环境约束下新型经营主体对不同属性技术的采用行为,有助于丰富和发展我国农业技术采用研究的理论体系。

(二) 实践意义和应用价值

一是提升农业科技成果的有效转化。乡村振兴战略的发展需以科技创新助推,则农业科技成果的转化推广、农业科技园区的创建及新型经营主体的培育在新时代乡村振兴背景下的重要性不言而喻。我国农业科技研发水平已取得显著进步,但成果转化及推广应用程度仍然较低,迫切需要科学的理论指导。本书通过开展农业科技园区技术扩散背景下新型经营主体技术采用行为的微观研究,揭示不同辐射空间内不同类型决策主体的技术需求及采用行为。一方面,可为农业决策部门有针对性地开展技术推广工作,制定农技推广策略,进而提高农业技术扩散的有效性提供理论依据;另一方面,对于加快农业科技成果转化、优化农技推广服务体系、推进乡村振兴战略实施,具有重要的实践意义。

二是引导农业科技园区的健康发展。农业科技园区作为我国农业技术扩散的新兴模式,承担着农业科技研发、技术示范推广、辐射带动周边的重任。如何加快农业科技园区的创新成果转化、促进园区技术向辐射区扩散、提升科技创新对"三农"的贡献是农业现代化背景下的重要议题,具有重要的研究价值。本书以宁夏吴忠国家农业科技园区为扩散源,以奶牛健康养殖技术和设施蔬菜种植技术为创新技术,以新型经营主体为技术采用主体,以传统农户为参照,在确定园区技术扩散空间的基础上,研究不同辐射区内新型经营主体的技术采用行为,构建基于新型经营主体技术采用行为的农业科技园区技术扩散系统动力学模型,并进行仿真模拟。一方面,对农业科技园区因地制宜地制定技术推广方案、开展农业技术服务有重要的指导意义;另一方面,可为相关管理主体科学管理农业科技园区、开展技术创新和扩散提供科学依据。

第三节　研究内容与技术路线

一、研究内容

（1）基于新型经营主体技术采用行为的园区技术扩散研究框架构建。首先，对农业科技园区、新型经营主体、农业技术扩散及农业技术采用等核心概念进行界定；其次，对技术扩散理论、行为地理学理论和农户行为理论等相关理论进行梳理；最后，对农业科技园区、农业技术扩散及农业技术采用的国内外研究进展展开回顾与总结。在以上研究基础上，构建了本书的理论和分析框架。

（2）吴忠国家农业科技园区技术扩散空间划定与样区选择。首先，从政策环境、经济环境、资源环境、科技环境、信息环境及社会环境六个方面构建综合评价指标体系，对宁夏县域农业技术扩散环境水平进行评价；其次，结合空间关联及产业关联，构建技术辐射强度模型，量化扩散源（吴忠国家农业科技园区）对各县（区）的技术辐射强度，进一步划定吴忠国家农业科技园区的技术扩散空间，揭示宏观尺度下的园区技术扩散空间特征，并确定本书的研究样区。

（3）新型经营主体技术需求及影响因素分析。基于"采用前"视角，以传统农户为参照，对新型经营主体的技术需求及需求优先序展开统计分析，构建新型经营主体技术需求强度影响因素的研究框架。在此基础上，借助有序 Logit 模型测度决策者特征、决策主体特征、园区推广环境、政策支持环境及社会网络环境对不同类型决策主体技术需求强度的影响。

（4）新型经营主体技术采用及影响因素分析。基于"采用中"视角，以传统农户为参照，首先，对不同类型决策主体的技术采用情况进行统计分析，借助 Arcgis 可视化分析揭示不同类型决策主体技术采用行为的空间分异特征，检验园区技术扩散下不同属性技术的采用是否受到"等级效应"或"邻近效应"的影响，识别微观尺度下的园区技术扩散空间特征；其次，从决策主体特征及外部环境特征两方面构建新型经营主体技术采用行为影响因素研究的理论框架，并借助有序Probit及Heckman两阶段模型进行实证检验。

（5）新型经营主体技术采用的经济效应分析。基于"采用后"视角，以传统农户为参照，一方面，基于均值差异检验法考察技术采用对不同类型决策主体的增收潜力，并对不同技术采用程度下的经济效应进行描述性统计分析；另一方面，借助多项内生转换回归模型进一步对不同技术采用程度下的经济效应进行测算，考察采用数量的增加能否有效提升不同类型决策主体技术采用的经济效应。

（6）基于新型经营主体技术采用行为的园区技术扩散系统构建。从系统视角出发，在前文研究的基础上，以园区推广、政策支持及社会网络为核心参数，构建基于新型经营主体技术采用行为的园区技术扩散系统动力学模型。在行为模式检验、有效性检验及稳定性检验的基础上，基于情景实验法，仿真模拟不同政策情景下的新型经营主体技术采用行为的变化路径，揭示园区技术扩散下新型经营主体技术采用行为的动态演化规律。

（7）促进园区技术扩散与异质性决策主体技术采用的对策与建议。基于前文实证研究及情景模拟结果，从优化推广模式、强化政策支撑、畅通信息渠道及培植内生动力四个方面，提出促进园区技术扩散及异质性决策主体技术采用的对策与建议。

二、研究方法

本书结合行为地理学、经济地理学、农业经济学等相关学科理论，采用理论分析与实证分析相结合、宏观研究与微观研究相结合、定性分析与定量分析相结合、文献分析与微观调研相结合的分析范式，构建理论框架，提出研究假设，选取分析模型，基于调研数据和统计资料展开实证研究，得出主要结论，提出具体的对策与建议。

（1）理论分析与实证分析相结合。在理论分析层面，通过概念界定、核心理论梳理以及以往文献回顾，构建基于新型经营主体技术采用行为的园区技术扩散系统研究框架；在实证研究方面，以宁夏吴忠国家农业科技园区为案例，以新型经营主体为主要对象，以传统农户为参照对象，划定园区的技术扩散空间，立足技术采用的"前—中—后"过程，探讨技术需求意愿、技术采用行为以及技术采用效应，构建基于新型经营主体技术采用行为的园区技术扩散系统，最后提出针对性的政策建议。

（2）宏观研究与微观研究相结合。在宏观研究层面，基于相关统计数据对宁夏回族自治区的县域农业技术扩散环境进行综合评价，量化吴忠国家农业科技园区对宁夏各县（区）的技术辐射强度，进而划定园区的技术扩散空间，识别宏观尺度下的园区技术扩散特征；在微观研究层面，基于问卷调研数据开展农业科技园区技术扩散背景下的新型经营主体技术采用行为研究，考察微观尺度下的园区技术扩散空间效应。

（3）定性分析与定量分析相结合。在定性分析层面，通过对问卷调研数据的整理，运用描述性统计方法对样本数据的基本信息进行分析，将分析结果以图表的形式进行呈现并描述；在定量分析层面，综合运用 SPSS、Stata16.0 及 Vensim PLE 等软件，采用相关性分析、引力模型、有序 Logit 模型、Heckman 两阶段模型、有序 Probit 模型、多项内生转换回归模型（MESR）及系统动力学模型等多种方法展开实证研究。

（4）文献分析与微观调研相结合。在文献分析方面，充分利用网络资源、图书馆藏文献及电子文献检索系统，收集国内外最新的专著、论文、报告及政府文件，掌握相关领域的前沿热点，为本书选题提供翔实的基础资料；在微观调研方面，以 2019 年、2020 年宁夏回族自治区的新型经营主体及传统农户为对象，借鉴社会学、人类学的田野调查法，采用基础数据收集、面对面访谈及问卷调查等形式，对吴忠国家农业科技园区技术扩散空间内不同类型决策主体技术采用行为的不同层面展开系统调研，以获得第一手资料。

主要的研究方法如下：

（1）比较分析。比较分析是对多个有潜在联系的对象进行考察，探寻其共性及差异性的方法。本书以农业企业、合作社及家庭农场为代表的新型经营主体为研究对象，以传统农户为参照，从技术采用需求、技术采用行为及技术采用效应等方面进行对比，全面了解农业科技园区技术扩散背景下不同类型决策主体的技术采用差异，梳理归纳新型经营主体的技术采用特征。此外，在空间层面，以区域差异为研究视角,对不同辐射区内相关基本事实或可比数据进行比较研究,分析所获结论的差异及原因,进而得出有意义的结论。

(2) 空间分析。空间分析是通过地图语言清楚、直观地说明研究问题的方法。本书借助 Arcgis 软件,运用自然断裂点法,将宁夏按照农业技术扩散环境综合水平划分为高水平地区、中水平地区及低水平地区三个等级,按照园区技术辐射强度大小划分园区技术扩散的一级辐射区、二级辐射区及潜在辐射区。在采用行为研究中,通过 Arcgis 软件识别不同技术扩散空间内的技术采用情况,揭示不同类型决策主体技术采用行为的空间分异特征。

(3) 计量方法。计量方法指应用数学模型揭示经济现象与若干变量间数量关系的方法。本书在研究的不同阶段均采用相适应的计量模型,并借助 Stata16.0 软件进行回归。具体地,在"技术采用前"分析中,借助适用于有序分类变量的有序 Logit 模型对影响技术需求强度的主要因素进行解释;在"技术采用中"分析中,将采用行为视为"采用决策"与"采用程度"两个决策阶段,运用 Heckman 两阶段模型对影响传统农户技术采用行为的主要因素进行估计,其可有效解决潜在的样本选择偏差问题,并对技术采用的两个阶段同时估计。新型经营主体未采用样本量不满足第一阶段的回归需求,采用有序 Probit 模型对影响其技术采用程度的主要因素进行估计;在"技术采用后"分析中,运用 MESR 模型区分不同技术采用程度对决策主体经济效益的影响,其可识别多项选择对结果变量的异质性影响。

(4) 仿真分析。仿真分析是借助计算机软件构建仿真模型来解决实际问题的方法。本书以第五章实证分析结果为基础,采用系统动力学方法,构建基于新型经营主体技术采用行为的园区技术扩散系统动力学模型,并借助 Vensim PLE 软件模拟不同政策情景下的新型经营主体技术采用行为动态变化情况。与其他仿真方法相比,系统动力学方法可模拟不同政策情景下的决策行为,展示系统内部的动态变化趋势,厘清系统内部的复杂关系,还可处理数据不足或不精确的问题,在本书的研究中具有很好的适用性。

三、技术路线

本书按照"问题提出—理论分析—数据库建立—实证分析—对策建议"的研究主线展开工作，技术路线如图 1-1 所示。

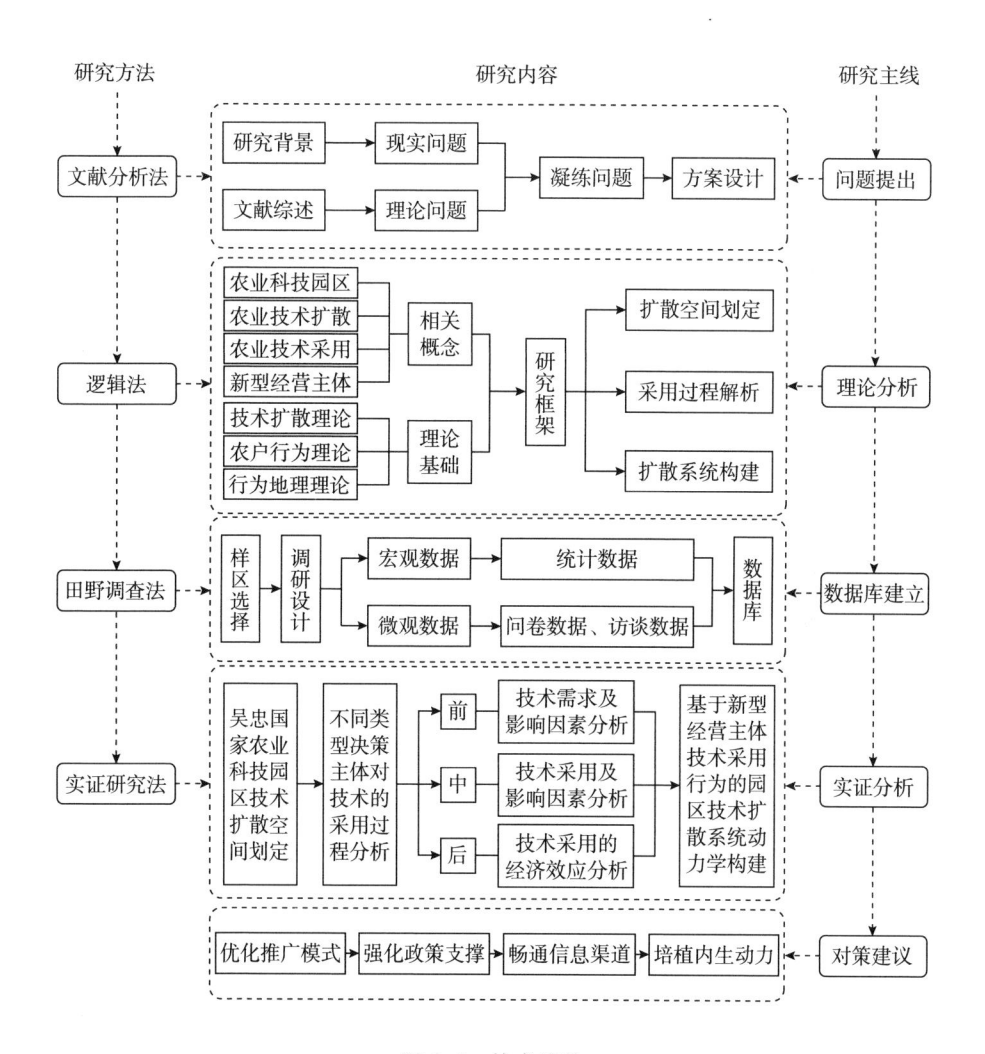

图 1-1 技术路线

第二章　理论基础及文献回顾

理论分析、概念界定及文献回顾是构建研究框架、开展实证研究的基本前提。本章旨在通过相关概念界定、核心理论梳理、以往文献回顾及研究框架构建，为后续实证研究的开展奠定扎实、可靠的理论基础。具体涵盖四节内容：第一节为概念界定，对研究涉及的相关概念进行界定，包括农业科技园区、新型经营主体、农业技术扩散及农业技术采用；第二节为理论梳理，对研究涉及的核心理论进行梳理，包括行为地理学理论、技术扩散理论及农户行为理论；第三节为文献回顾，从农业科技园区、农业技术扩散及农业技术采用三方面对以往文献进行回顾及评述；第四节为框架构建，基于概念界定、理论梳理及文献回顾，构建基于技术采用行为的园区技术扩散系统研究框架。

第一节　概念界定

一、农业科技园区

目前，国内外尚未就农业科技园区形成统一、明确的概念，国外主要涉及假日农场、示范农场及试验农场三种形式，国内则存在农业科技园区、现代农业科技园、农业高科技园、农业科技示范园等多种说法。受不同类型农业科技园区组织形式、主导产业及管理方式差异的影响，学界对于农业科技园区的定义有所不同。蒋和平（2000）认为，农业科技园是在特定地域，由政府、企业等主体投资兴建，以高等院校、科研院所等机构为依托，集新品种、新技术、新设施于一体，以调整农业结构、促进农业增收、展示农业科技为目标的开发方式。许越先（2000）认为，农业科技示范园以高科技及高资金投入，以现代农业设施为主体，具备多种功能及综合效益，开展集约化生产与企业化经营，促进农业高新技术集成与转化的创新组织形式。陈阜和王喆（2002）将农业科技园区定义为，依托于现代农业科技，立足于地方资源开发及产业发展需求，依据现代农业产业化生产经营体系配置要素，在特定地域建立的现代农业示范基地。尽管各种类型农业科技园区在名称与定义上大不相同，但作为农业高新技术的集聚地，它们又存在诸多相通之处：一是均依托于特定地域的资源基础与产业优势；二是均以新品种、新技术及新设备等先进技术的示范推广为目的；三是均以科研机构、高等院校和推广单位为依托；四是均具备一定的技术培训、科技服务及人才孵化功能；五是均实行专业化、规模化、集约化生产及企业化经营。

结合以往农业科技园区的定义，本书认为：农业科技园区是指，围绕现代农业发展需求，在具备产业优势与资源基础的特定区域，通过政府主导、政企共建、企业主导等形式筹建的，以市场为导向，以创新为动力，以科技为支撑，以科研单位为依托，密集农业资源、科技力量、资金项目、高新技术及创新信息等要素，融合农业生产、机制创新、科技创新、成果孵化、人才培养及辐射带动等功能，开展集约化、规模化、专业化及企业化的农业生产，旨在通过优良品质、改进设施、高新技术及经营理念的引进、示范与推广，推动区域农业产业升级、促进区域农业结构优化、带动区域农民收入增加的现代农业科技辐射源。

二、新型经营主体

新型经营主体，又称新型农业经营主体，是在现行家庭承包经营制度基础上衍生出的新型农村经营组织，是农业生产专业化分工不断深化的产物。其概念自规模经营主体发展而来，2008年党的十七届三中全会提出发展专业大户、家庭农场、农民专业合作社等规模经营主体，拉开了新型经营主体发展的序幕，直到

2012年，中央农村工作会议明确指出应鼓励新型经营主体，这一概念才得到了广泛认可与重视。《浙江省人民政府办公厅关于大力培育新型农业经营主体的意见》指出，新型经营主体是"在家庭承包经营制度下，经营规模大、集约程度高、市场竞争力强的农业经营组织和有文化懂技术会经营的农民"。黄祖辉和俞宁（2010）定义其为具有明显市场导向、适度经营规模、较强盈利能力及良好品牌建设等特征的农业发展新主体。张照新和赵海（2013）定义其为以商品化生产为目标，具有较大经营规模、较强经营管理能力、较好设施装备条件及较高资源利用率、劳动生产率、土地产出率的农业经济组织。郭庆海（2013）界定其为以家庭经营为基础，具有较大经营规模，与市场经济和现代农业相匹配的农业经营组织。尽管政界及学界对新型经营主体的内涵持有不同的见解，但可以明确的是，区别于传统小规模家庭经营户，新型经营主体通常具备一定的经营规模及市场竞争力，可开展集约化、规模化及组织化的农业生产经营活动。

近年来，新型经营主体的种类逐渐趋于多样化，衍生出了多种形式的联合体，但普遍的观点认为，新型经营主体主要涉及农业产业化龙头企业（以下简称"农业企业"）、农民专业合作社（以下简称"合作社"）、家庭农场及专业大户四种类型。其中，农业企业通常指以企业管理方式运营，以土地入股、土地流转、订单收购等方式联结农户，经济实力雄厚，生产技术先进，集生产、研发及销售于一体的涉农企业；合作社通常指农民在自愿民主的原则下，联合组织的，具有互助性质的农业经营组织，可为社员提供农业生产各个环节的专业服务及技术指导；家庭农场指以家庭为生产经营单位进行规模化、商品化及专业化生产的新型经营组织，其以农业生产收入为主要经济来源；专业大户（又称"种养殖大户"），指经营规模明显大于分散经营农户的专业化农户，与前三类新型农业经营主体不同的是，专业大户本质上仍是家庭农户，未在工商行政管理部门依法注册。因此，本书主要关注农业企业、合作社及家庭农场三种类型的新型经营主体。

三、农业技术扩散

技术扩散是指一项技术从被少数人使用到被大众普遍采用的动态过程，关于技术扩散含义的理解，主要存在两种观点。部分学者强调技术扩散的时间性，认为其是某项技术在特定时段经由特定渠道在特定社会系统内扩散的过程（Rogers，1962）。地理学者则强调技术扩散的空间性，认为其是某项技术由技术供方经由扩散渠道在空间上向技术受方流动的过程（曾刚，2002）。综合而言，技术扩散是一个动态的时空过程，既存在时间上的传播，又包含空间上的转移。

农业技术扩散自技术扩散概念衍生而来，顾名思义，特指农业新品种、新技术或新设施的扩散。对于农业技术扩散的主要内涵，学术界尚无统一定论，李季（1997）认为，其是创新技术从产生到被采用所经历的多主体参与、时间空间变异的复杂过程。刘笑明（2013）认为，其是指某项创新技术经由特定渠道在特定区域或特定群体中扩散、传播的过程，其目的是技术被尽可能多的农业生产人员所接受、掌握并使用，进而使其发挥出应有的社会、经济或生态效益。王雅凤等（2015）认为，农业技术扩散是由主体、客体、渠道及环境共同组成的复杂系统，主体包括各级政府农技推广部门及参与农户，客体为农业新技术，通过不同渠道对新技术进行扩散，这一过程中涉及多种环境要素。蔡丽茹等（2022）指出，农业技术扩散是农业新技术在不同主体间及不同地点间传播扩散的多阶段动态社会过程。总体而言，农业技术扩散是特定农业技术通过特定渠道在时间与空间层面传播，使其技术受众逐步增加、空间范围逐渐扩大的动态过程，在这一动态过程中，创新技术、扩散渠道、潜在受众及社会经济系统是基本要素。

关于农业科技园区的技术扩散，刘笑明（2013）指出，农业科技园区技术扩散是一个空间蔓延和时间展开的过程，也是由技术供给方（农业科技园区）、技术采用方、农业技术、扩散渠道及辐射空间五大要素联结构成的有机系统。李同昇和罗雅丽（2016）认为，农业科技园区的技术扩散是创新技术从技术供体到技术受体的传播过程，也是从创新源（园区）到扩散区的空间移动过程，园区与周边地域的技术"势差"是扩散的基础及动力。于正松（2014）将农业科技园区技术扩散定义为：以园区为技术研发与集成中心，通过直接或间接方式向辐射区农户推广技术，并通过多个渠道掌握农户需求、接受农户反馈的技术互动和合作模式。基于前人对农业科技园区技术扩散的理解，本书认为，农业科技园区技术扩散是以农业科技园区为创新技术扩散源，通过基地示范、园区培训等被动方式，技术员推广、田间指导等主动方式，或涉农主体示范、中介机构传播等间接方式，将创新技术扩散至周边农区，并被不同类型农业经营主体接受并采用的动态过程。

四、农业技术采用

农业技术采用是一个逐步学习、积累的过程，通常指农业经营主体采用新品种、新技术及新理念的决策行为，可概括为个体和群体两类，前者指个体从认识、感兴趣、试用、评价到采用的过程，后者指从个别农户采用到大多数农户采用的过程（满明俊，2010）。关于其内涵的界定，国内外学者持有各自独到的见解，Rogers（1962）认为，农业技术采用是个人从听说技术到实际采用技术的心理接受过程；Feder等（1985）指出，个体采用行为是当个体完全了解技术信息时，在长期均衡中采用新技术的程度，群体采用行为是特定地理区域或特定人口内特定新技术的总体采用水平。陶佩君（2007）认为，农业技术采用指个体从获得技术信息到实际采用技术的一种心理和行为变化过程。满明俊（2010）指出，农业技术采用是农户改变以往的经营理念、生产习惯以及农业技术，采用新观点、新技能及新技术的决策过程。于正松（2014）认为，农业技术采用是指农户为追求效用最大化，在传统技术与现代技术之间进行的一种博弈。本书将农业技术采用概念界定为不同类型决策主体在利润最大化的前提下，根据自身需求，结合资源存量，所做出的技术采用和完全采用的决策行为。

受农业生产复杂性及技术选择多样性的影响，农业技术采用过程通常被认为具有一定的阶段性特征（余威震等，2019）。Rogers（1962）将采用过程分为认知、说服、评估、试用及确认五个阶段。Doss（2006）将农业技术采用分为了解、决定采用及采用强度三个阶段。于正松（2014）将农业技术采用过程定义为技术感知、需求决策及技术效率三个阶段。刘丽（2020）基于过程的采用框架，将农户技术采用行为分为认知、意愿、决策及效果四个阶段。本书主要关注农业技术采用"前、中、后"三个阶段，即技术需求、技术采用及采用效应，其中，技术需求指决策主体在生产经营过程中，为实现增产增收、节约成本、提升效率等目标，产生的对某种或某些农业创新的需求意愿；技术采用指决策主体在面对新技术选择时，以利益最大化为目标，做出的采用决策，包括是否采用、采用多少等；采用效应指决策主体在技术采用后，采用行为所产生的环境、经济或社会效应。

第二节 理论梳理

一、行为地理学理论

行为地理学是人文地理学的重要分支，开创自 1945 年美国地理学家 White 的《人类对水灾的调节》一文，有别于传统人文地理学的空间科学范式，其强调规避空间分析的机械性，在自然地理环境及社会地理环境中，从个体的主体性视角去理解行为及其所处空间的互动关系（柴彦威，2005），关注人类群体在个体特征制约及外部环境制约下的空间行为规律。西方的行为地理学研究发源于 20 世纪 60 年代末的计量革命及行为革命浪潮中，早期主要依赖于纯粹的行为科学，从心理层面建立普适模型分析人类迁居、购物等日常行为，侧重于行为的过程性研究及个体的认知偏好研究，忽视了行为空间的解构。自 20 世纪 80 年代开始，受社会学空间转向及地理学社会转向的影响，行为地理学的研究范畴不断拓展，理论内容日渐丰富，应用导向日益明晰，开始从实践角度出发关注行为与环境的互动问题，研究重点从早期的"空间行为"逐步转至"空间中的行为"，即从强调个体对外部环境的选择与偏好转为强调个体行为与外部环境的互动关系（柴彦威等，2008）。国内行为地理学研究始于 20 世纪 80 年代，早期以对西方相关理论及思想的引介为主，历经 30 余年的发展，研究主题渗透至消费者行为、行为决策、通勤行为、迁居行为、空间行为与行为空间等方面（柴彦威和沈洁，2008），也不乏对行为地理学理论的创新性思考，如柴彦威（2005）专门辑文探讨了行为地理学研究的方法论问题，强调"微观个人与整体社会相结合、短期行为同长期行为相结合、主观能动和客观制约相结合、质性分析与定量研究相结合"。

行为地理学强调不同类型群体在不同外在环境中的认知及行为特征，为本书解读外部环境与决策主体技术采用行为之间的作用关系提供了有力的理论支撑。依据行为地理学理论观点，个体的行为决策通常建立在主观选择及外部制约之上。同样地，在不同扩散空间内，由于自然环境、经济条件、社会环境等外部环境的差异，具有不同特征的决策主体的技术采用行为也应存在明显异质性。

二、技术扩散理论

技术扩散是一个逐渐渗透、动态变化的过程，农业技术扩散理论通常以技术扩散理论为基础，目前主要存在三种理论观点：

一是以 Rogers 为代表人物的传播论，其认为扩散本质上是新技术信息的传播过程，即扩散是新技术在特定时段内，通过特定渠道，在社会各个组分间传播的过程（Rogers，1962）。该观点认为，扩散的主要要素包括新技术、扩散渠道、一定时间及社会系统，而扩散的核心是潮流效应，即潜在采用者的决策行为主要取决于采用者数量，累积扩散量随时间的推移而变化呈现出"S"型的变化轨迹，扩散速度呈近似正态分布，即倒"U"型轨迹（见图2-1）。初始阶段的扩散速度较为缓慢，当累积扩散量达到某一临界值时，扩散速率会突然增加，之后将保持不变直到系统中大部分潜在采用者都采用，即扩散速度在达到技术采用饱和点时才会放慢（吴雪莲，2016）。由于农户存在异质性，Rogers按照采用顺序将采用者分为革新者、领先者、追随者、后期追随者及落后者。

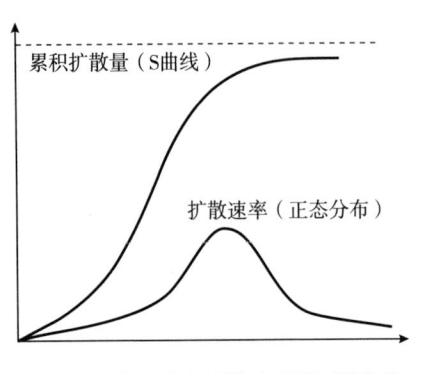

图2-1 农业技术扩散的"S"型曲线

二是以 Stoneman、Mansfield 为代表人物的学习论，该观点指出，技术扩散并非简单的信息传播过程，而是一个学习过程，模仿与学习是扩散的主要动力。Stoneman（1983）指出，技术扩散是在模仿基础上不断进行自我创新的动态过程，新技术采用者会依据自身经验决定是否采用，在采用后仍会不断学习，为下一次决策积累经验。Mansfield（1961）认为技术扩散是一个学习与模仿的过程，新技术采用者会以率先采用者为参照，决定是否模仿或跟进采用某类技术，技术采用后的盈利状况是影响最终采用的关键因素。陈国宏和王吓忠（1995）也指出，技术扩散是低技术势系统通过各种方式向高技术势系统学习的过程。学习理论中，采用者数量随时间增长的曲线符合 Logistics 曲线，也服从"S"型增长趋势，因此，存在一种观点，认为学习论是对传播论的一种补充与完善（盛亚，2004）。

三是以 Metcalfe 为代表人物的替代论，其认为技术扩散的本质是新技术对老技术的替代过程，强调技术扩散过程的不均衡性，即技术扩散是从某种均衡状态（使用老技术）向另一种均衡状态（使用新技术）不断转移的过程（盛亚，2002）。替代论通常可从时间维度与空间维度加以描述，时间维度上，Fisher 和 Pry（2006）提出的时间替代模型是典型代表，该模型认为，技术扩散速率由累积采用量、潜在采用量及替代系数共同决定，同样服从"S"型曲线，并假设若技术替代已经开始，且被证明具有经济合理性，则替代过程将持续进行。空间维度上的替代模型最初由 Hägerstrand（1952）建立，其认为新技术的出现会使技术供给方和周边地区形成"位势差"，这种势差会促使新技术从高位势地区向低位势地区扩散，直至达到平衡，并指出技术扩散在空间上表现出"邻近效应"和"等级效应"，即技术扩散强度一方面随距离的增大而衰减，另一方面受到承接地技术接受能力的影响。

继 Hägerstrand 之后，空间维度的技术扩散理论得到了学界的广泛重视。Morrill（1970）基于"邻近效应"提出波浪式扩散（扩展扩散），强调新技术在均质空间中严格遵循距离衰减定律，由源地向腹地呈同心圆式扩散。Casetti 和 Semple（1969）在"等级效应"基础上，提出等级扩散，强调新技术在非均质空间中依据地区等级大小进行扩散。Sicbert（1969）提出技术扩散空间理论，强调区域的异质性，即假定技术处于半流动状态，存在时间及空间上的不完全、缓慢扩散，技术扩散受到扩散者、接受者及交流系统的影响。此外，Berry（1966）基于引力模型拓展了技术空间扩散理论，将扩展扩散与等级扩散结合在一起，认为距离影响较大时，以扩展扩散为主，距离影响较小时，等级扩散更占优势。Wilson（1967）基于最大熵原理，利用扩散信息流入量、扩散信息流出量及信息流通距离估计技术的空间扩散情况。

技术扩散理论是宏观层面农业科技园区技术扩散研究最具解释力的理论基础（刘笑明，2013），农业科技园区技术扩散的发生源于其与周边农区的"位势差"，其较高的位势能不断促使创新向周边农区扩散。同时，由于空间异质性的影响，农业科技园区的技术扩散过程必然会受到多种外部环境因素的共同影响，从而在空间上表现出复杂多样的形式（刘笑明，2013）。

三、农户行为理论

农户行为理论是解释农户技术采用行为的理论基础，也是研究影响技术采用因素的重要前提。依据不同的主张，其可被分为三大理论学派：一是以 Schultz 为代表人物的理性小农学派，该学派认为，小农以利润最大化为生产目标，在面临生产或技术选择时，他们的行为是相对经济与理性的，通常会评估新技术可能带来的预期收益与机会成本，当预期收益高于机会成本时，才会选择并采用新技术；二是以 Chayanov 为代表人物的组织生产学派，该学派认为，小农经济具有非理性的特点，小农以满足自身与家庭消费为生产目标，追求家庭效用最大化，在面临生产或技术选择时，其决策准则是满足生计及规避风险；三是以华裔社会学家黄宗智为代表人物的历史学派，该学派认为，小农既是维持生计的生产者，也是利润最大化的追求者，在面临生产或采用选择时，小农会兼顾利益最大化与生计需求，并非完全理性，在规模较小时追求"消费均衡"，在规模较大时追求利益最大化。此外，美国管理学家 Simon 认为，小农是介于理性小农与非理性小农之间的"有限理性人"，其农业生产行为会受到多种外部因素的制约，使其无法做出完全理性的决策。

三大理论学派为农户行为研究奠定了坚实的基础，我国学者自 20 世纪 80 年代开始，也从不同角度对农户行为是否理性展开了讨论。林毅夫（1988）认为，小农非理性的论断通常是具有城市偏向的人在对小农所处环境缺乏全面了解的情况下作出的。韩耀（1995）认为，我国农户的生产行为具有"理性行为与非理性行为并存、自给性生产与商品性生产并存、行为一致性与多样性并存、经济目标与非经济目标并存"的特点。严瑞珍等（1997）指出，农户行为既是理性的，也是非理性的。郑风田（2000）进一步提出制度理性假说，指出不同制度下的小农理性行为具有异质性，在完全自给自足制度下，农户寻求家庭效用最大化，在完全商品经济的市场制度下，农户寻求利益最大化，在由完全自给自足向完全商品化经济过渡的阶段，农户行为存在双重性。张纯洪和赵英才（2006）认为，农户在外部环境约束下可能会放弃追求利益最大化。总体来看，农户行为具有复杂性、多重性等特点，对于其是否理性应根据不同的研究地域及农业形势进行区别分析。

从农户行为理论出发，本书认为，农业科技园区技术扩散背景下，新型经营主体的技术采用行为是理性与非理性共同作用的结果。一方面，追求利益最大化是其首要目标，会考虑采用园区示范推广的技术能否为其带来尽可能多的经济效益；另一方面，受社会环境、经济条件、政策环境等外部环境的影响，其必然会考虑技术投入成本、潜在风险及不确定性等因素，表现出一定的有限理性。除此之外，解释新型经营主体的技术采用行为也可从其他相关农户行为理论中找到可靠依据，如农户行为改变理论。

农户行为改变理论是农户行为理论的拓展，可深入阐释行为产生的原因并揭示其变化。该理论强调，动机是农户行为改变的直接内因，是内在需求和外部环境诱导共同作用的结果，也就是说，农户的行为不是单一地由农户自身需求而决定，而是取决于其内部需要及外部环境的共同作用。法国心理学家 Lewen（1952）将个体行为规律表述为：

$$B = P \times E \tag{2.1}$$

式中，B 为个体行为，P 为个体内在动机，E 为外部环境刺激。该公式表明，个体的行为是个体特征因素（生理、心理及文化等）与其所处环境（自然环境、社会环境和经济环境等）共同作用的结果。农户行为改变理论为本书研究提供了重要的理论指导，新型经营主体的技术采用行为必然与其自身特征及其外部环境有着深层次的联系，对其技术采用影响因素的探讨需综合考虑决策主体特征及外部环境特征。

第三节 文献回顾

本节主要从农业科技园区、农业技术扩散和农业技术采用三个方面进行文献回顾与评述。

一、农业科技园区研究

国外农业科技园区建设始于20世纪70年代日本、以色列、新加坡等国对农业科技园区的探索，随着农业现代化的推进，目前已形成了各具特色的园区模式，包括示范农场、农业科技园、休闲农场、食品创新中心及农业展示园等。我国农业科技园区雏形源于西方国家的示范农场模式，于20世纪90年代起步发展，2001年被正式纳入《农业科技发展纲要》，此后，各种类型农业科技园区层见叠出，相关学术讨论随之展开，研究内容主要集中在如下四个方面：

（1）对基础理论的探讨。相关理论主要源于农学、地理学、传播学、经济学等学科领域，如德国经济学家Thunen提出的农业区位论、美籍奥地利学者Schmpeter提出的技术创新理论、法国经济学家Perroux提出的增长极理论、美国学者Rutton和日本学者Hayami提出的技术诱导变革理论、美国传播理论家Rogers提出的创新扩散理论以及哈佛大学Porter教授提出的产业集群概念等，这些创见性理论均为农业科技园区的规划布局、运营管理及创新扩散提供了高度的理论指导。国内学者对农业科技园区基础理论的探讨主要以对西方理论的引介为主，蒋和平等（2002）认为，农业区位论、系统工程理论、增长极理论、技术创新理论、孵化器理论及集成创新理论等是农业科技园区建设的重要理论基础。许越先（2000）借助集成创新理论探讨了农业科技园区的建设与发展问题。王朝全（2007）从混合组织理论视角分析了园区的目标集成、绩效评价与内外部治理。

（2）对基本特征的阐述。国外学者对农业科技园区的关注相对有限，更多地将关注点集中在信息科技园、企业孵化器、高校科技园等科技园上。Felsenstein（1994）将科技园描述为创新的飞地，认为巩固创新是其主要作用。Chan 和 Lau（2005）认为，鼓励和促进知识型企业的形成与发展是科技园的重要功能。Liberati 等（2016）认为，科技园是集企业、高校及科研机构为一体发挥邻近优势、知识溢出及集聚效应的地理区域。国内学者从不同层面探讨了农业科技园区的基本特征、功能定位及发展模式，蒋和平（2000）概括农业科技园区的基本特征为新机制、新品种、新设施及新技术。高焕喜（2000）指出，农业科技示范园应具备研制、中试、开发、生产、服务、带动及观展等功能。杨其长（2001）指出，生产加工、技术示范、龙头带动、教育培训及休闲观光是农业科技园区的基本功能。陈阜和王喆（2002）认为，农业科技园区有三大主要特征：一是具备技术引进、研发、转化、示范与推广功能；二是具备技术密集与资金密集特点；三是具有组织带动周边农区发展职责。

（3）对发展绩效的评价。国外的园区绩效评价主要围绕科技园、企业孵化器等高科技园区展开，较少涉及农业园区的绩效评价。Mian（1997）从主要绩效结果、管理政策的有效性、服务类型及用户感知三方面构建了企业孵化器发展绩效的评估框架。Chan 等（2010）通过对园区内企业知识交换行为的研究评估了科技园的创新绩效；Lamperti 等（2017）从企业成长、创新性及专利申请研发量三方面考察了科技园绩效。国内学者则从不同层面对农业科技园区的发展水平及绩效水平展开了评价，蒋和平和孙炜琳（2002）基于层次分析法从创新能力、经济效益、社会效益及生态效益四方面对典型农艺园进行了评价。翟虎渠等（2003）围绕技术水平、基础设施、组织管理、经济效益及生态效益构建了农业科技园区评价指标体系。夏岩磊（2018）围绕极化效应、扩散效应及两者综合效应开展了长三角地区农业科技园区建设成效的多维评价。谢玲红等（2019）从农村发展、农业升级及农民进步三方面构建指标体系，并对106个国家农业科技园区绩效水平进行了评价。

（4）对技术扩散的研究。农业科技园区作为区域农业发展的增长极，其技术扩散问题受到了国内学者的广泛关注，研究内容主要从以下四个方面展开：

一是对园区技术扩散环境的评价，刘笑明和李同昇（2008）从空间邻近性、自然生态环境、农业发展水平、农业政策环境、信息环境、社会文化环境及科技服务环境等方面对杨凌农业示范区扩散区的空间扩散环境进行了实证分析。李树奎和李同昇（2011）则围绕自然环境、农业投入产出水平、农业科技信息及农民文化素质等指标量化评估了杨凌农业示范区扩散区域的农业技术扩散环境。

二是对园区技术扩散模式的研究，李同昇和罗雅丽（2007）总结了杨凌示范区的四种典型技术推广模式，即农业技术经营式、产业化式、示范展示式及综合服务式。刘战平（2007）认为，专家大院模式是农业科技园区技术扩散的关键载体。刘笑明（2013）将杨凌农业科技园区技术扩散总结为农民协会、农民培训、农业技术经营、综合服务型及农业展会五种模式。李莹（2018）认为，农业科技园区的技术扩散模式包括科研机构主导、企业主导及政府主导三种类型。

三是对园区技术扩散时空过程的分析，刘笑明（2013）指出，农业科技园区的技术扩散主要受到轴向效应、邻近效应、集聚效应及等级效应的影响，在空间上呈现出位移扩散、扩展扩散及等级扩散三种形式。王武科等（2008）实证分析了杨凌农业示范区不同属性技术的时空扩散轨迹，发现其在时间维度上符合"S"形曲线特征，在空间维度上呈"创新源—扩散源—技术受体"的扩散过程。刘笑明等（2011）在总结杨凌农业示范区技术扩散时空特征的基础上，发现市场、政府及媒介是推动园区技术空间扩散的主要力量。李同昇和罗雅丽（2016）在对园区技术扩散时空过程分析的基础上，指出农业科技园区技术扩散遵循"点—轴"扩散的基本规律。

四是对园区扩散空间内微观采用行为的探讨，于正松（2014）总结了定西农业科技园区技术扩散背景下传统农户在技术采用不同阶段的特征与规律。苗园园（2014）以定西农业科技园区的马铃薯技术为对象，采用二元 Logistics 模型对传统农户技术需求的影响因素展开了分析。

二、农业技术扩散研究

农业技术扩散衍生于技术扩散概念，国外技术扩散研究最早可追溯至 20 世纪初现代创新理论之父 Schumpeter 创导的创新理论，其将创新过程划定为发明、创新和传播三个阶段，为后继研究确定了主要方向。20 世纪 70 年代起，技术扩散研究日渐活跃，学者们从不同角度探究了技术扩散的本质与机制，形成了传播论、学习论及替代论等经典理论。20 世纪中叶，Ryan 和 Gross（1943）对杂交玉米种子扩散规律的系统研究开创了农业领域技术扩散研究的先河。此后，国外学者对农业技术扩散问题展开了深入探讨，研究成果遍及社会学、人类学、经济学、地理学等领域，社会学者通过追踪调查探究创新在特定地域范围内的扩散；人类学家关注技术在不同文化间的扩散；经济学家侧重技术扩散问题的定量研究；地理学者强调空间在扩散中的关键作用。国内技术扩散研究始于傅家骥（1992）的《技术创新学》，作为我国技术经济及管理学科的创导者，其提出了基于我国国情的技术创新理论，认为技术扩散是技术经由一定渠道在潜在使用者之间传播并采用的过程。李平（1999）、魏江（2003）及曾刚和林兰（2008）等较早地开展了技术扩散的理论研究，全面分析了技术扩散的特征、模式及动因。魏心镇（1991）、王辑慈（2001）及杜德斌（2001）等就技术扩散发表了创见性理论研究。此后，随着政界及学界对技术创新问题的日益重视，我国农业技术扩散研究开始大量出现，研究内容几乎与国外同步，但结合我国的农业发展特点，在不同方向关注的重点有所不同，相关研究主要集中在以下四个方面：

（1）对静态扩散模式的关注。国内学者基于我国国情，依据不同标准，提出了多种农业技术扩散模式。刘佛翔和张丽君（1999）认为，农业技术扩散的基本模式包括政府供给主导及农户需求主导两种类型，前者是政府作为管理者、组织者及投资者引导农户采用农业新技术，后者是农户结合自身需求选择农业新技术。闫杰和苏竣（2000）认为，当今世界范围内的农业技术扩散可分为交互型、传播型及指导型三种模式，其中，交互型以特定平台进行技术扩散，传播型以技术市场交易为主，指导型以面对面传授为主。刘笑明和李同昇（2006）指出，根据经济运行体制可将农业技术扩散模式分为集中型、非集中型及综合型三种类型，其中，集中型扩散以计划机制为主，体现政府意图；非集中型以市场机制为基础，政府加以引导；综合型介于集中型与非集中型之间。王济民等（2009）指出，我国农业技术推广模式包括政府科技项目主导型、市场引导型、推广机构主导型及第三方主导型。张标等（2017）依据技术信息传播形式的不同，将农业技术扩散模式划分为树形、链式、波浪式及跳跃式四种模式。

（2）对动态扩散过程的解释。国内外学者对农业技术扩散过程的研究主要从时间维度、空间维度或时空维度展开，在时间扩散方面，Ryan 和 Gross

(1943)首次指出杂交玉米种子的时间扩散规律呈"S"扩散曲线,而后,大量研究证实了"S"型农业技术扩散过程的存在(Calatrava et al., 2007;王武科等,2008;刘笑明,2013),但不同属性技术的"S"型扩散曲线在几何形态上有着显著的差异。此外,宋德军和刘阳(2008)、张海燕和邓刚(2012)基于柯布—道格拉斯生产函数估算了农业技术扩散的速度。在空间扩散方面,地理学家Hägerstrand(1967)开创性地将空间距离纳入技术扩散因素的考量范畴,发现技术扩散强度具有随距离增加而衰减的显著特征,为农业技术扩散的空间过程研究奠定了理论基础。刘玉振等(2012)研究发现,萝卜特色种植在空间上呈跳跃式与渐进式相结合的扩散特征。吴娜琳等(2013)借助空间分析方法探究了辣椒特色种植在空间上的扩散过程。王武科等(2009)基于对不同尺度下农业技术空间扩散规律的研究发现,随着空间尺度的缩减,技术扩散由等级扩散向渐进扩散转变。李同昇和罗雅丽(2016)指出因扩散阶段的不同、农业技术的差异、扩散环境的改变,农业技术的空间扩散会呈现出不同的形式。在时空扩散方面,赵绪福(1996)通过横向和纵向两种扩散速度衡量技术扩散的快慢程度,前者用于衡量技术在空间范围上的扩散程度,后者用以反映技术从产生到被采用的时间快慢程度。李普峰等(2010)借助"S"型曲线模型及重力模型对苹果种植技术扩散的时间过程与空间特征进行了分析。喻登科等(2017)通过建立农业技术扩散的时空模型,探究了水稻抛秧专利技术的时空扩散特征。陈嘉等(2019)基于对中国台商农业技术时空扩散过程的研究发现,时间维度上台商农业技术扩散呈典型的"S"型曲线,空间维度上呈扩展扩散与等级扩散相结合的特色格局。

(3)对扩散影响因素的分析。国内外学者就农业技术扩散的影响因素展开了诸多探索,Arora和Bansa(2012)基于面板数据分析了种子价格干预和技术发展对印度转基因Bt棉花扩散的影响。Genius等(2014)通过对希腊灌溉技术扩散影响因素的研究表明,推广服务与社会学习是促进技术传播的重要决定因素。Bahinipati和Viswanathan(2019)基于动态面板数据和OLS固定效应模型发现政策激励措施是促进微灌技术扩散的重要催化剂。刘辉等(2006)指出,区域人文条件、历史基础、自然条件、政治及市场机制共同决定了农业技术扩散。刘笑明(2007)基于对技术扩散失败案例的追踪调查发现,农户素质、基础设施情况、政府推广职能发挥程度、市场发育程度、农业生产规模化及专业化程度是农业技术扩散的主要影响因素。旷浩源（2014）指出，社会网络在农业技术扩散过程中发挥着结构性的载体功能。邓鑫等（2019）研究发现，农村文化差异是阻碍农业机械技术扩散的根源性因素。李航飞等（2020）基于结构方程模型从农户、农业及环境三个维度出发探讨了台湾兰花技术扩散效果的主要因素。蔡丽茹等（2022）指出，决策主体资源禀赋、技术本身、技术传播形式及外部环境共同作用于环境友好型技术的扩散过程。

（4）对技术扩散模型的研究。为合理有效地模拟技术扩散过程，既有研究从不同维度对技术扩散模型的构建展开了尝试，涉及时间扩散模型、空间扩散模型及时空扩散模型。经典的时间扩散模型包括以 Mansfield（1961）为代表的"传染病模型"和以 Bass（1969）为代表的 Bass 模型，前者指出技术扩散数量在时间轴上呈"S"型曲线，后者认为技术的时间扩散过程呈先升后降的"钟"型结构，受到内部影响与外部影响的共同作用。此外，诸多学者对 Bass 模型进行了改进与扩展，形成了包括多重影响模型（Shaikh et al., 2005）、技术扩散延迟模型（Fanelli and Maddalena, 2012）及小世界网络模型（Watts and Strogatz, 1998）在内的多种衍生模型。目前，Bass 模型簇已被广泛应用于农业技术扩散研究中（喻登科等，2017）。在空间层面上，Hägerstrand（1967）通过在均质网格中对扩散概率分布的模拟提出了经典的空间扩散模型——"平均信息域"（MIF 模型），认为信息的有效流动是技术空间扩散过程得以实现的关键。据此，诸多学者从不同视角拓展了空间扩散模型。Berry（1966）将引力模型引入技术扩散研究，用以描述扩散过程中的梯度效应。Wilson（1967）基于最大熵原理提出随距离指数衰减的空间相互作用力。在时空层面上，Mahajan 和 Peterson（1978）将时间因素加入"平均信息域"模型中，提出了时间—空间相互作用模型。Casetti 和 Semple（1969）将空间因素引入时间扩散模型中，提出了空间—时间模型。Bhargava 等（1993）提出了随机元胞自动机模型，用以描述技术扩散的时空展开过程。

三、农业技术采用研究

国外农业技术采用研究最早可追溯至 1957 年，美国经济学家 Griliches

(1957)对杂交玉米的采用研究。自此,学界对农业技术采用的研究迅速升温,经过半个多世纪的发展,拓展至社会、经济、地理等多个领域,取得了相当丰硕的研究成果。相关研究主要以农户为重点对象,基于计划行为理论、理性小农理论及小农决策等理论,聚焦埃塞俄比亚、赞比亚等非洲国家,关注农业技术采用的事前评估、采用行为及事后评价等议题。国内农业技术采用研究起步较晚,研究内容与国外基本一致,但侧重点有所不同。本节主要从技术采用的事前评估、技术采用的过程研究、技术采用的影响因素及技术采用的事后评价展开文献回顾。

(1)对技术采用事前评估的关注。既有文献对技术采用事前评估的研究主要从两方面展开:

一是对技术选择偏好及采用意愿的研究,例如,Asrat等(2010)在对作物品种偏好的研究中发现,家庭资源禀赋是造成埃塞俄比亚农户偏好异质性的主要原因。Lalani等(2016)基于计划行为理论发现感知行为控制、主观规范和农户态度影响着农户的保护性农业技术采用意愿。Zeweld等(2017)基于计划行为分解理论从态度、感知控制及规范问题三方面解释了农户采用对可持续农业技术的采用意愿。Sánchez-Toledano等(2017)根据农户对改良玉米种子的偏好异质性将农户划分为创新型农户、转型农户及保守型农户。Wassie和Pauline(2018)基于选择实验法揭示了埃塞俄比亚小农对气候智能型农业实践的偏好;Anugwa等(2022)基于条件估值法调查了尼日利亚稻农对气候智能型农业技术的选择偏好以及支付意愿。国内学者主要从农户特征(刘战平和匡远配,2012;喻永红和张巨勇,2009)、家庭特征(喻永红和张巨勇,2009)、风险感知(贺志武等,2018;刘丽等,2020)、技术特征(李后建,2012)及外部环境特征(刘灵芝等,2016;祝华军和田志宏,2013)等方面对影响传统农户技术采用意愿的主要因素进行了分析。

二是对技术需求优先序及其影响因素的研究。Khoy等(2017)基于哥伦比亚稻农的农业技术需求研究发现,性别、文化程度、年龄等个人特征对稻农不同技术的需求存在异质性影响。廖西元等(2004)指出,不同类型农户的水稻技术需求优先序有所不同;李平等(2010)研究表明,不同地区农户的技术需求率差异显著。余国新等(2013)研究发现,新品种、肥料、市场价格信息与销售服务是新疆番茄种植户最迫切需要的技术。王亦宁等（2010）从耕作成本、耕作收益、资金投入及外部制约等方面分析了永定河流域农户节水技术需求的影响因素。王浩和刘芳（2012）指出，广东油茶种植户倾向于采用即时见效的高产技术，决策者特征、种植制度特征、种植特征及地区变量是影响农户对不同属性技术需求的主要因素。宋金田和祁春节（2013）从契约视角出发，重点探讨了农户特征、谈判成本、信息成本及执行成本对农户技术需求的影响。何可等（2014）研究发现，文化程度、加入合作社、技术关注频率及农技员服务得分是影响自我雇佣型妇女各类技术需求的共同因素。托路那依·买海买提和朱美玲（2017）研究表明，决策者年龄是影响棉农技术需求的决定性因素。朱萌等（2015）从户主特征、种粮意愿、补贴政策及推广服务等方面探讨了影响种稻大户农业新技术需求的主要因素。

（2）对动态技术采用过程的探究。现有文献对动态技术采用过程的探讨主要从两方面展开：

一部分学者基于面板数据对技术采用的动态过程展开了实证分析，例如，De Souza Filho 等（1999）在动态计量经济学框架下，通过久期分析研究了巴西地区农户可持续农业技术采用的动态过程。Dadi 等（2004）基于埃塞俄比亚中部高地 25 年的面板数据识别了影响农户采用化肥及除草剂速度的时变因素和不变因素。Moser 和 Barrett（2006）基于动态 Tobit 模型探讨了马达加斯加小农对水稻强化栽培技术的复杂动态采用过程。Läpple（2010）基于久期分析对爱尔兰养殖户采用有机农业到放弃采用这一过程进行了建模，并强调了农户态度及社会互动的重要性。Kallas 等（2010）将农户目标、风险偏好及农业政策纳入久期分析研究了影响有机农业技术采用时间的主要因素。Alcon 等（2011）基于西班牙东南部 30 年的面板数据考察了农户对滴灌技术的采用过程，并探究了技术因素、农户特征、经济因素、农场特征及制度因素对滴灌技术采用速度的影响。Nazli 和 Smale（2016）应用久期分析揭示了巴基斯坦地区小麦品种变化的动态过程及影响因素，发现社会网络加速了边缘农户的采用。Ainembabazi 等（2017）基于久期分析研究了农民团体成员身份对农业技术采用滞后时间的影响。

另一部分学者解释了技术采用的多阶段特征，Rogers（1962）认为，农户技术采用实质上是动态的决策过程，包括认知、兴趣、评价、试验及应用五个阶段，有必要动态追踪整个决策过程。Lambrecht等（2014）将农户对矿物肥料的采用建模为认知、试用及持续采用的三阶段过程。Yigezu等（2018）将改良扁豆品种的采用过程划分为采用决策（是否采用）与采用强度（采用面积）两个阶段，并基于Double-hurdle模型对这一过程进行了估计。Kpadonou等（2017）将技术采用过程划分为采用决策（是否采用）与采用程度（采用个数）两阶段，并对影响该过程的主要因素进行了探讨。陈玉萍等（2010）基于Double-hurdle模型考察了农户特征、经济水平、地理位置、耕地资源及推广项目对农户改良陆稻技术采用两阶段过程的影响。李卫等（2017）基于Heckman样本选择模型探讨了个人禀赋、家庭禀赋、社会网络、政府推广及采用环境对黄土高原农户保护性耕作技术采用决策与采用程度的影响。黄腾等（2018）构建了技术认知和采用强度的两阶段模型来拟合农户的动态技术采用行为。黄晓慧等（2020）基于Heckman样本选择模型揭示了资本禀赋、生态补偿政策及生态认知对农户水土保持技术采用两阶段过程的影响机理。

（3）对技术采用影响因素的研究。纵观已有文献，影响农业技术采用行为的因素可概括为决策主体特征及外部环境特征两类：

从决策主体特征看，以决策者性别、年龄、文化程度及种植经验等指标为代表的决策者特征是国内外学者最常考虑的因素（Kebede et al., 1990；Lin, 1991；Ndiritu et al., 2014；李卫等，2017）。例如，Feder等（1985）指出，正规教育可提高农户对新技术的接受与理解能力。Ndiritu等（2014）认为可持续集约化实践采用过程中存在着显著的性别差异，女性决策者对少耕和动物粪肥的采用可能性较低。Thinda等（2020）发现年龄与种植经验是影响小农气候适应性措施采用行为的重要因素。事实上，风险态度、技术认知、内在感知等决策者心理特征也是技术采用影响因素分析考虑的重点（Greniner et al., 2009；朱月季等，2015；李曼等，2017；徐涛等，2018）。例如，Ghadim等（2005）指出，风险规避会降低农户的技术采用率。Bopp等（2019）认为，农户的内在动机对可持续农业实践采用有显著的积极影响。Schaak和Mußhoff（2018）发现感知有用及感知易用是德国奶农技术采用行为的关键因素。李卫等（2017）指出，对保护性耕作技术认知度较高的农户有更高的采用倾向和采用程度。此外，家庭禀赋、地块特征及地理区位等的决策主体特征也是学者们关注的重要指标（Dadi et al.,

2004；Marenya and Barrett，2007；Khonje et al.，2018；Pham et al.，2021；黄腾等，2018；郑旭媛等，2018）。例如，Noltze 等（2012）研究发现，到宅基地距离、坡度、土壤条件等地块特征对东帝汶农户的水稻集约化技术采用行为具有较强的解释力。Teklewold 等（2013）指出家庭财富、地块可达性及市场可达性显著影响着农户可持续农业实践的采用决策和采用程度。徐志刚等（2018）研究发现，不同经营规模农户存在不同的秸秆还田技术采用行为。

在外部环境特征方面，现有研究主要围绕政策环境、社会网络、外部冲击等因素展开。其中，政府补贴、信贷支持、技术培训及推广服务被认为是激励技术采用行为产生的关键政策环境因素（Deressa et al.，2009；朱萌等，2015；Koppmair et al.，2017；Pratt and Wingenbach，2016；李卫等，2017；耿宇宁等，2017；薛彩霞等，2018；徐涛等，2018）。例如，Teklewold 等（2013）指出，信贷约束及对政府支持的信任是影响农户可持续农业实践采用决策与采用程度的重要因素。Kassie 等（2015）发现，可持续集约化实践的采用受到对政府支持的依赖及推广服务质量的共同影响。乔丹等（2017）研究表明，推广服务显著促进了农户的节水灌溉技术采用行为。除此之外，诸多学者强调了社会网络在解释技术采用方面的重要意义（Micheels and Nolan，2016；Manda et al.，2016；Hunecke et al.，2017；胡海华，2016；耿宇宁等，2017；李博伟和徐翔，2017）。例如，Kassie 等（2013）指出，参与农业机构或组织可促进农户对不同可持续农业实践的采用。Pham 等（2021）研究表明，与非正式网络的交流与学习在促进轮作和有机肥的采用方面发挥着重要作用。乔丹等（2017）研究发现，信息获取对促进农户节水灌溉技术的采用决策和采用强度均有显著的积极影响。杨志海（2018）指出，不同维度社会网络的拓展均能显著提升长江流域粮食主产省农户的绿色生产技术采用程度。自然冲击、市场冲击、气候冲击等外部冲击对农户技术采用行为的影响也受到了一定关注（Kassie et al.，2013；贺梅英和庄丽娟，2017；徐婵娟等，2018）。郭格等（2017）指出，自然灾害影响力越强，农产品滞销越严重，农户的节水灌溉技术采用可能性越低。Martey 和 Kuwornu（2021）研究发现，遭受气候变化冲击的农户更有可能采用多种互补的综合土壤肥力管理实践。

（4）对技术采用事后评价的研究。既有技术采用事后评价研究多从不同角度考察了单一技术采用对农户福利的直接或间接影响。例如，Becerril 和 Abdulai

(2010)基于倾向得分匹配法（PSM）考察了改良玉米品种采用对墨西哥地区农户家庭福利的潜在影响。Kassie 等（2011）研究发现，改良花生品种的采用可显著增加乌干达地区的农户收入并减少贫困。Ali 等（2018）估计了激光土地平整技术的采用对灌溉节水、作物产量及家庭收入的影响。Asfaw 等（2012）以农户消费支出为指标，借助内生转换回归模型（ESR）衡量了豆科植物技术采用对农户福利的潜在影响。Mishra 等（2017）从水稻产量及生产成本两方面分析了直播水稻技术采用的经济效应。Tesfaye 和 Tirivayi（2018）测度了改进储存技术对粮食安全及儿童福利的影响。Manda 等（2019）采用 ESR 模型分析了改良豇豆采用对尼日利亚农户人均家庭收入和资产所有权的影响。陆玉萍等（2010）在对改良陆稻技术增收效应的考察中发现，与 PSM 模型估计相比，描述性统计分析在一定程度上会高估采用效应。胡伦和陆迁（2018）基于二元 Logistics 模型考察了节水灌溉技术的减贫效应，发现节水技术可显著降低农户的贫困发生率及贫困脆弱性。黄腾等（2018）研究发现，节水灌溉技术采用可使农户亩均收入增长19.66%。张哲晰等（2019）研究发现，滴灌技术具有显著的增效增收作用，且对于有比较优势的农户而言，这一经济效应更为突出。

近年来，部分研究关注到了多种技术间的互补作用，并对多种技术集成采用的潜在效应展开了评估。例如，Teklewold 等（2013）基于多项内生转换回归模型分析了可持续农业实践（SAPs）组合采用对埃塞俄比亚农户福利的影响，发现集成采用多种 SAPs 可较单独采用获得更高的收益。Manda 等（2015）基于多项内生处理效应模型评估了集成采用 SAPs 对赞比亚农村玉米产量及家庭收入的影响，发现与单独采用相比，集成采用 SAPs 可显著增加玉米产量及小农收入。Kassie 等（2015）借助多项内生转换回归模型考察了可持续集约化实践（SIPs）对马拉维农户粮食安全和生产风险的影响，发现集成采用多种 SIPs 可显著提高粮食安全并大大降低生产风险。Khonje 等（2018）从玉米产量及家庭收入两方面考察了多种 SAPs 组合采用对赞比亚农村地区农户福利的影响，发现集成采用可以产生更为显著的经济效应。Kassie 等（2018）基于埃塞俄比亚农村的面板数据研究了多种改良玉米技术的采用选择在农场和市场层面的经济影响，发现多种技术的组合采用对玉米产量和生产成本均有显著的积极影响，且当各种技术集成采用时产生的影响最大。Marenya 等（2020）通过对不同 SIPs 组合采用增产增收效应的考察发现集成采用对玉米产量和净收入的影响最为显著。

四、文献评述

综上，国内外学者关于农业科技园区、农业技术扩散及农业技术采用的理论及实证研究已取得了显著进展，为本书实证研究的开展奠定了良好的理论与方法基础，但针对我国农业现代化发展的特殊背景和现实需求，仍有一些问题需要进一步深入研究。

第一，农业科技园区的技术扩散研究有待深入。农业科技园区作为区域技术创新扩散的增长极，不仅肩负着创新成果转化的重任，还肩负着创新示范推广的使命。以往农业科技园区研究多以定性的机制模式归纳和定量的综合指标评价为主，专门针对农业科技园区技术扩散问题的研究相对缺乏，尚存在着大片空白。因此，农业科技园区的技术扩散空间如何划定，园区的主推技术在空间中如何扩散，不同属性技术的空间扩散是否存在差异，不同辐射空间内不同类型决策主体的技术采用行为有何差异，哪些因素影响着园区技术扩散下的技术采用行为，等等，都有待进一步深入探讨。

第二，行为地理学视角下的采用研究有待完善。现有研究多以创新扩散、技术诱导创新及理性小农等传统经济学理论及农户行为理论、计划行为理论等行为经济学理论为基础，较少涉及行为地理学视角下的农业技术采用行为研究。仅少数研究基于行为地理学理论（于正松等，2013）关注到了农户技术采用过程中的心理状态。但是，一方面，从行为地理学视角出发探讨农业技术采用行为，在考虑决策者个人因素对技术采用行为影响的同时，也应当充分考虑外部环境因素对采用行为的影响；另一方面，从行为地理学视角出发以新型经营主体为对象的农业技术采用研究尚属空白，有待进一步挖掘。

第三，新型经营主体的技术采用行为亟待关注。以往研究以农户视角在技术采用行为及影响因素等方面开展了诸多有益探讨，研究成果丰硕且值得借鉴学习，但鲜有学者关注新型经营主体的技术采用行为。新形势下，以农业企业、农业合作社及家庭农场为代表的新型经营主体已成为农业科技成果采用的重要主体，与传统农户相比，新型经营主体经济实力雄厚、技术需求强烈、抗市场风险能力强且较易掌握先进技术。因此，深入研究在农业现代化背景下，农业企业、合作社及家庭农场等不同经营主体的农业技术采用行为，具有重要的理论和现实意义。

第四，农业科技园区技术扩散的系统研究有待强化。农业科技园区技术扩散系统是一个由诸多因素耦合作用而成的复杂系统，扩散空间内技术受体的技术采用行为是该系统的微观基础。已有研究从多维视角探讨了农业科技园区的技术扩散问题，但未将农业科技园区的技术扩散与决策主体的技术采用看作统一系统进行研究，忽略了农业科技园区技术扩散过程中各要素的互动反馈关系，且没有基于可操作性的数学模型指导技术扩散的预测及有关政策的制定。因此，在新的历史条件下，从新型经营主体技术采用视角探索农业科技园区技术扩散系统的内部结构及要素因果关系，是一个有着重要现实意义的研究议题。

第四节 框架构建

在梳理相关理论、界定相关概念及回顾相关文献的基础上，本书从宏观及微观视角出发，围绕"技术扩散空间划定""技术采用过程解析""技术扩散系统构建"三个问题构建研究框架，并以吴忠国家农业科技园区为实证案例，以新型经营主体为主要决策主体，以传统农户为参照对象，开展后续的实证研究。

（1）技术扩散空间划定。地理空间邻近、产业结构相似及扩散环境良好是农业科技园区技术有效扩散的基本前提。基于此，本书从宏观视角出发，结合农业技术扩散理论，借助技术空间扩散的引力模型，从政策环境、经济环境、资源环境、信息环境、科技环境及社会环境六个方面构建指标体系，以测算农业科技园区周边农区的技术扩散环境综合水平，结合空间关联与产业关联，划定由一级辐射区、二级辐射区及潜在辐射区组成的农业科技园区技术扩散空间（见图2-2），弥补园区技术扩散空间划定短板。

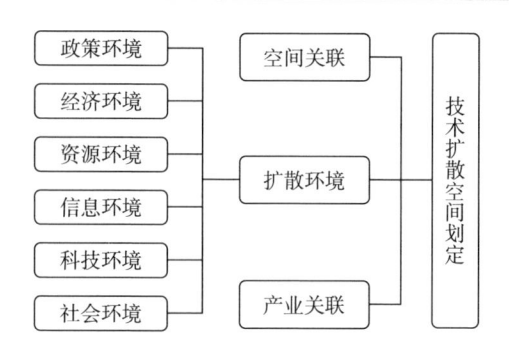

图 2-2　农业科技园区技术扩散空间划定

（2）技术采用过程解析。技术采用本质上是动态的多阶段过程，除技术采用行为本身外，技术采用前的技术需求与技术采用后的经济效应也对农业科技园区的技术扩散发挥着关键作用，前者是实际采用行为发生的原动力，后者是采用行为持续发生的助推器。因此，本书从微观视角出发，结合行为地理学理论和农户行为理论，建立基于"前—中—后"多阶段过程的农业技术采用研究框架（见图 2-3），以传统农户为参照，考量新型经营主体对农业科技园区推广技术的"技术需求—采用行为—采用效应"，并从决策主体特征与外部环境特征两方面识别影响技术采用行为的关键因素。

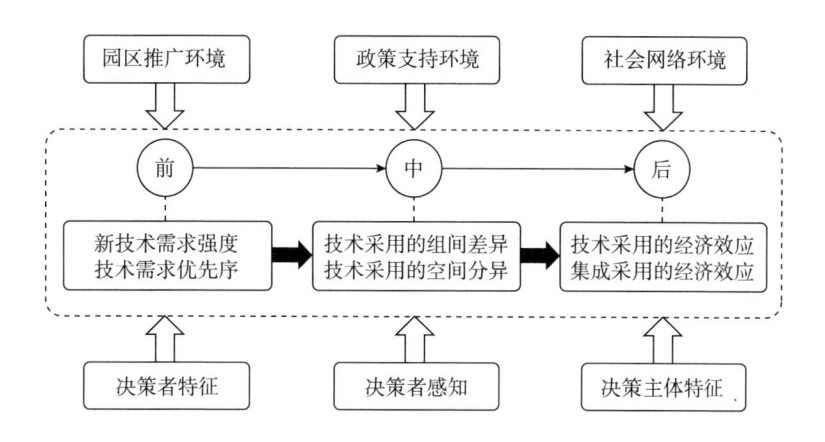

图 2-3　基于多阶段过程的农业技术采用研究

· 35 ·

（3）技术扩散系统构建。宏观层面的农业科技园区技术扩散系统由技术供体（园区）、扩散环境、扩散渠道及技术受体（新型经营主体或传统农户）要素构成，而技术受体的技术采用行为是园区扩散系统的微观基础。鉴于此，本书将从自下而上的视角出发，以新型经营主体技术采用为核心，以其所处的外部环境为基础，构建基于新型经营主体技术采用行为的园区技术扩散系统（见图2-4）。在该动态系统中，园区推广、政策支持及社会网络是作用于技术采用行为的关键外部因素。其中，农业园区作为技术推广方，为技术采用提供创新技术及推广服务；政府部门作为技术支持方，为技术采用提供扩散环境与外部支持；社会网络作为技术传播方，为技术采用提供扩散渠道与信息交流平台。

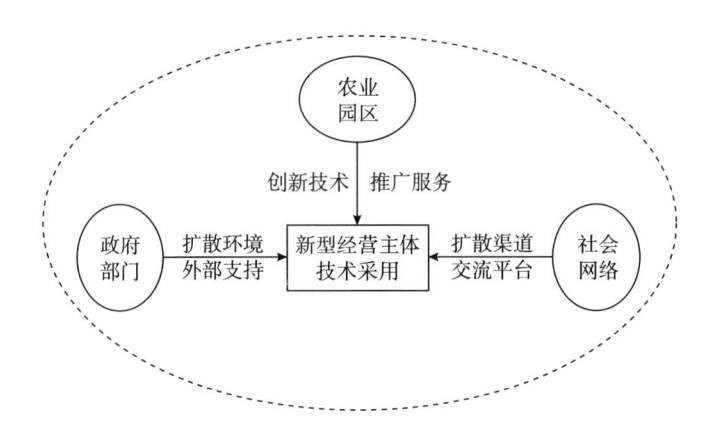

图2-4 基于新型经营主体技术采用行为的园区技术扩散系统

第三章 农业科技园区技术扩散空间划定与样区选择

农业科技园区技术扩散空间指园区技术在扩散过程中所涉及的空间范围（满明俊，2010）。本章以吴忠国家农业科技园区为辐射源，宁夏全区为辐射区，从政策环境、经济环境、资源环境、农业科技环境、信息环境及社会环境六个方面构建综合评价指标体系，对宁夏各县（区）的农业技术扩散环境水平进行评价。同时，将技术扩散环境、地理空间邻近度及产业结构相似度纳入引力模型构建技术辐射强度模型，量化扩散源（吴忠国家农业科技园区）对各县（区）的技术辐射强度，借助自然断裂点法将各县（区）依据辐射强度大小划分为高、中、低三类，进而划定园区技术扩散空间。在此基础上，结合设施蔬菜重点县及奶业大县规划范围，确定本书的调研区域和抽样方案。

第一节 吴忠国家农业科技园区简介

一、吴忠国家农业科技园区基本情况

吴忠国家农业科技园区始建于2001年9月，是科技部批准设立的第一批国家农业科技园区试点单位之一，也是宁夏首个国家级农业科技园区，直属吴忠市

政府管辖，2009年9月顺利通过国家科技部等六部委考核评价及挂牌验收，是集林果草畜为一体的现代农业综合示范区，旨在推动宁夏中部干旱带、引黄灌区乃至整个宁夏地区的现代农业高质量发展。园区地处宁夏中部干旱带和引黄灌区的过渡段，北距吴忠市区30千米、河东机场50千米，总面积576平方千米，有开发耕地16万亩、天然草原68万亩，下辖6个行政村及2个农场，总人口1.58万。核心区及示范区均位于吴忠市孙家滩地区，对外交通便利，气候条件优越，地势平坦开阔，土地资源丰富，具有发展现代农业的明显优势，其中，核心区总占地面积约3.18万亩，2015年，土地产出率达到7890.76元/亩，土地产出率较园区示范区及吴忠市水平高出35%~68%。

园区自建成以来，先后引进专业技术人员135名，组织实施国家及自治区科技项目30多项，并通过建立农科教、产学研结合机制，与国家智能农业装备中心、中国农业科学院、中国农业大学及西北农林科技大学等科研院所建立了深度合作，成立了宁夏中部干旱带农业综合开发专家服务基地、宁夏设施园艺院士工作站、国家有机食品生产基地建设示范区、中国（宁夏）奶业研究院、种植业专家大院以及以设施农业、奶牛养殖、精品林果、优质牧草等为主要内容的专家工作室，形成了"院士+知名专家+科技特派员+基地高层次"的人才梯队。依托这一载体，园区大力发挥引领示范及辐射带动的主体功能，年均吸引100多名专家进行技术研发及示范应用，年均争取10名外国专家赴园开展技术服务，年均接待200多批6000多人次观摩学习。园区的技术推广以集中示范、展示等被动式推广为主，依托全国新型职业农民培育基地、宁夏扶贫开发职业技能培训学校，采取"现场教学与实训操作相结合，现场培训和远程培训相结合"的服务模式，多渠道、多层次地开展技术培训，年均举办设施农业技术、奶牛养殖技术及有机管理等各类培训班15期以上，年均培训本地科技人员1000人次以上（宁夏回族自治区人民政府官网，2018）。截至目前，园区已累计引进示范700多种新品种、100多项新技术，建立奶牛绿色健康养殖、有机农产品生产及高效节水灌溉等农业高新技术示范应用基地21个，培育及扶持各类新型经营主体150多家、市级龙头企业15家（宁夏政协网，2021），从业人员3000多人，逐步发展成为了全国非耕地现代农业的试验田与集散地，奶牛养殖、设施蔬菜、精品林果等产业的创新技术在园区的辐射带动下迅速扩散，促进了周边县市乃至整个宁夏地区的现代农业高质量发展。

二、吴忠国家农业科技园区主导产业

目前，吴忠国家农业科技园区形成了奶牛养殖、设施蔬菜、精品林果及优质牧草等特色优势产业，设施农业、健康养殖、节水灌溉及绿色防控等技术体系得到了广泛推广，其中，尤以奶牛养殖和设施蔬菜产业发展最为突出，相关技术的扩散对区域农业发展的影响最为深刻。

（1）奶牛养殖。奶产业在吴忠市有着40余年的发展历史，园区依托这一传统产业优势以及园区远离市区、气候干燥、草原广阔的地理优势，以"种好草、养好牛、产好奶"为发展思路，通过改善基础设施条件、引进优质适繁基础母牛、实施良种奶牛冻精冷配改良、提高饲养管理水平等奶牛养殖提质增效行动，大力发展规模化、智能化奶牛养殖。截至2020年底，园区进驻奶牛养殖场50余家，奶牛存栏达到8万头，年产鲜奶超38万吨，奶产业实现产值15亿元，带动形成的宁夏引黄灌区中南部地区奶产业带，集中了近90%的吴忠市奶牛存栏量及40%以上的自治区奶牛存栏量。在技术研发与示范推广方面，园区以中国（宁夏）奶业研究院及奶牛专家工作室为载体，联合科研院校广泛开展奶牛养殖全产业链技术的集成研发与成果转化工作，申报实施了《奶牛繁殖障碍性疾病防控技术研发与应用》《奶牛乳房炎综合防控技术研发及标准化乳房炎控制奶牛场建设与示范》《奶牛主要疫病防控技术研发与应用》等多个国家、自治区科技项目，为促进区域奶业优化升级、攻关奶业技术发展瓶颈做出了巨大贡献。与此同时，园区依托宁夏扶贫开发职业技能培训学校、中国（宁夏）奶业研究院及龙头示范主体，开展奶牛养殖关键技术的集成示范与教育培训，通过定期组织园区内外规模牧场技术骨干参加培训、参观牧场，推广了生产性能测定、精准饲喂、奶牛选种选配、隐性乳房炎控制、信息化管理及粪污资源化利用等大批奶牛养殖技术，辐射带动了吴忠乃至宁夏地区奶牛养殖技术的优化升级，实现了区域奶产业的提质增效。

（2）设施蔬菜。园区以现代农业为主导，以设施蔬菜种植基地为中心，通过高效节水节能大中棚为主、小拱棚为辅的设施栽培形式大力开展设施蔬菜新技术的试验示范。截至 2019 年，已发展设施果蔬面积 2.5 万亩，建设各类新型日光温棚 300 多座，新型组装式大拱棚 1000 亩。为突出园区的科技研发和示范功能，园区依托宁夏设施园艺院士工作站，实行"产—学—研—推"的技术合作模式，与中国农业大学、国家农业智能装备工程技术研究中心等院所联合实施了《下沉式等边大斜面智能温室创新与省力化蔬菜生产技术开发》《宁夏旱作区日光温室蔬菜水肥一体化精准施肥技术集成与示范》《设施蔬菜健康土壤与绿色保育技术研究与示范》《新型大拱棚优化设计及蔬菜高效栽培模式研究与示范》《扬黄新灌区有机蔬菜生产技术集成示范——蔬菜优质高效生产关键技术研究与示范项目》等国家、自治区科技项目，申报了《一种草莓立体栽培架的节水装置》《一种轻简化吊蔓放秧装置》等多项专利，开展了椰糠无土栽培封闭式灌溉模式、番茄雄蜂授粉等新技术研究。同时，为提升各项技术的推广应用效果，园区采取实地观摩、集中培训与线上交流的方式开展技术服务。截至目前，共引进试验示范优质果蔬新品种 50 多个，与科研院所联合示范云端控制节水技术、农业物联网、水肥一体化、设施葡萄"1+1"、横向轻简栽培、新型大跨度组装式温室等重大技术 20 多项（人民号，2020），此外，集约化育苗、常绿油桃袋式栽培、高品质番茄栽培、连作障碍防控、玉米秸秆基质栽培、测土配方施肥、补光灯应用、生物菌肥施入、秸秆生物反应堆及有机肥等多项成熟的改良技术也得到了广泛的推广应用，为沿黄设施蔬菜产业带的设施农业可持续发展提供技术支撑，提高了宁夏地区的设施农业科技水平。

三、技术对象选择

农业技术具有多样性及复杂性的特点，为保证研究的全面性和典型性，本书依据吴忠国家农业科技园区技术扩散实践及主导产业特征，选择区内特色优势产业奶牛养殖及设施蔬菜种植的相关技术作为研究对象，旨在比较园区养殖技术与种植技术的扩散与采用情况，更全面地分析园区的技术扩散模式。

（1）奶牛养殖作为园区最具特色的主导产业，对周边区域具有很好的引领示范作用，奶牛健康养殖技术市场价值高、发展潜力大，园区示范推广了奶牛养殖的全产业链技术，包括奶牛性控扩繁、奶牛生产性能测定、奶牛程序化饲养、TMR 全混合日粮饲喂、信息化管理、程序化防疫及粪污资源化利用等诸多子技术。本书综合考虑技术适用性及可推广性，具体选择奶牛选种选配技术、牧场信息化管理技术及粪便资源化利用技术三项子技术作为奶牛健康养殖典型技术。其中，奶牛选种选配技术是结合繁殖母牛生产性能和系谱，选择应用相应的验证公牛常规冻精或性控冻精，加快良种化进程，快速扩繁高产母牛，可提高奶牛单产水平及牛奶品质；牧场信息化管理技术指通过配置牧场智能化管理系统，建立智能化管理数据库，实现奶牛养殖的自动化、信息化、精准化健康养殖管理和牛奶生产环节的质量追溯，在节省人力的同时可有效提升奶牛单产及牛奶品质；粪便资源化利用技术指基于粪污处理设施，通过可循环利用、种养结合、水清粪等模式，实现粪污资源化利用的环境友好型技术。

（2）设施蔬菜是宁夏地区种植广泛的经济作物，也是园区的优势产业，设施蔬菜种植技术现代化水平高、发展前景好，园区引进、示范、推广的设施蔬菜种植技术包括水肥一体化、轻简型轨道盆栽、椰糠无土栽培、测土配方施肥、二氧化碳增温、秸秆生物反应堆、立体栽培、农业物联网及设施葡萄"1+1"等。但在预调研过程中发现，物联网、立体栽培等先进技术因技术成本高、投入大等原因，在种植主体中的接受度极低，因此，考虑到技术的适用性及可推广性，本书具体选择秸秆生物反应堆、测土配方施肥及有机肥替代三项相对成熟的子技术作为设施蔬菜种植的典型技术。其中，秸秆生物反应堆是利用生物技术将废弃秸秆转化为蔬菜生长所需的有益物质，从而有效利用废弃秸秆、促进蔬菜生长发育、解决土壤肥力下降、增强蔬菜抗病能力的一项技术；测土配方施肥技术主要是在测试土壤掌握土壤肥力状况的基础上，按照不同蔬菜的需肥特点，实行肥料适量配比、平衡施用，可有效提高肥料养分的利用率；有机肥替代是指在生产过程中，用生物有机肥代替化肥施用，在为蔬菜供给养分的同时还可起到改良土壤的作用。

第二节　宁夏县域农业技术扩散环境评价

一、宁夏县域农业技术扩散环境评价指标体系

农业技术扩散通常在特定区域条件下进行，其空间类型、速率及效果受到特定地域系统内技术扩散环境的直接影响（喻登科等，2018；于正松等，2013；方维慰和李同昇，2006），农业技术扩散环境作为一种多维、复杂的综合体，是一定条件下创新技术空间扩散的各种外部影响因素的总和（于正松等，2013），涵盖区域的资源禀赋、政策支持及经济水平等多方面因素。方维慰和李同昇（2006）认为，农业技术扩散环境包括农业经济环境、自然生态环境、科技政策环境、中介服务状况、信息网络环境及社会文化环境六个子系统。刘笑明和李同昇（2008）从影响农业技术扩散的农业政策环境、自然生态环境、空间邻近性、农业发展水平、农业信息环境、科技服务环境及社会文化环境七个方面构建农业技术扩散环境综合评价指标体系。李树奎和李同昇（2011）将农业技术扩散环境划分为自然环境、农业科技信息、农业投入产出及农民文化水平四个子系统。李晓越（2015）认为，其涵盖自然环境、科技信息环境、文化环境及投入产出环境四个方面因素。喻登科等（2018）将其分解为经济环境、政策环境、自然环境、科技环境及社会环境五个子系统。

本书基于科学性、综合性及针对性原则，依据数据可获得性及代表性，借鉴相关研究成果，从政策环境、经济环境、资源环境、信息环境、科技环境及社会环境六个方面构建农业技术扩散环境综合评价指标体系（见图3-1）。其中，政策环境是推动农业技术扩散发生的关键触媒与重要保障，决定了区域承接技术扩散过程中的抗风险能力；经济环境与农业发展水平密切相关，决定了区域对农业创新技术的支付能力（喻登科等，2018）；资源环境是创新技术得以广泛推广的根本，决定了区域对农业创新技术的适应能力（刘笑明和李同昇，2008）；信息

环境是农业技术扩散发生的物质载体（李晓越，2015），是影响技术信息在空间上有效"流动"的重要因素，反映了区域对农业技术信息的获取能力；科技环境是推动农业技术由农业科技园区向辐射区流动的主要桥梁（方维慰和李同昇，2006），反映了农业创新技术在区域的传播能力；社会环境是影响技术扩散规模和效率的关键因素（李树奎和李同昇，2011；喻登科等，2018），反映了区域对农业创新技术的接受能力。

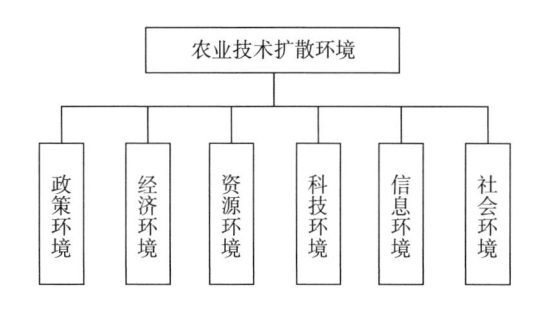

```
              农业技术扩散环境
    ┌────┬────┬────┬────┬────┬────┐
   政策  经济  资源  科技  信息  社会
   环境  环境  环境  环境  环境  环境
```

图 3-1　农业技术扩散环境构成

（1）政策环境。正确的农业政策导向可为优化区域农业科技资源配置提供宏观调控，可为加速创新扩散提供重要保障及推力（方维慰和李同昇，2006；刘笑明和李同昇，2008）。农业政策环境越好，政策支持力度越大，当地农户的农业生产积极性越高，技术的扩散效果越好（刘笑明和李同昇，2008）。因此，本书选取农业投资水平、要素投入水平及政策支持力度3个指标来间接反映各地的政策环境。其中，农业投资水平由单位耕地面积农林牧渔业固定资产投资额反映，要素投入水平由单位面积农用化肥施用量反映，政策支持力度由农林水事务支出比重反映。

（2）经济环境。创新技术的扩散往往存在一定的风险性（刘辉等，2006）。农业经济环境在一定程度上决定了特定区域在吸纳创新技术时的抗风险能力和技术支付能力（于正松等，2013）。经济发展水平较高的区域往往更具实力去规避技术采用风险，吸纳并采用农业科技成果。客观评估特定区域的农业经济环境，有利于明确创新技术扩散的类型与方向（刘笑明和李同昇，2008）。因此，本书选择农业收入水平、劳动生产率及土地生产率3个指标反映区域的经济环境，其中，农业收入水平用农村居民人均可支配收入表征，劳动生产率通过农林牧渔业总产值与农业从业人员的比重计算，土地生产率通过农林牧渔业增加值与耕地面积的比重计算。

（3）资源环境。农业生产是依赖于特定的资源环境进行的，资源禀赋差异间接影响着区域的农业生产方式以及技术需求。扩散主体需了解一定地域的资源禀赋，因地制宜地推广与之协调的创新技术，实现科技对区域经济的有效带动（刘笑明和李同昇，2008）。鉴于本书以奶牛健康养殖技术与设施蔬菜种植技术为技术对象，因此，从人均耕地面积、人均奶牛存栏量及人均设施农业面积三个方面反映宁夏各县（区）的资源环境。

（4）科技环境。农业技术中介机构在农业技术扩散过程中扮演着重要的桥梁角色，其通过技术信息宣传、生产资料供应及技术指导培训等中介服务推动创新成果在扩散主体与扩散客体之间的有序流动（方维慰和李同昇，2006；刘笑明和李同昇，2008）。完善规范的中介机构有利于促进农业科技资源在空间中的合理配置，减少创新扩散的随机性（方维慰和李同昇，2006）。此外，创新技术的有效落地依赖于农业现代化经营环境条件的支持，农业机械化是其中的一个重要方面（喻登科等，2018）。因此，本书选取机械化水平、规模化程度及合作组织程度来反映科技环境。其中，机械化水平用农村居民人均机械拥有量表征，规模化程度通过单位耕地面积规模经营户表征，合作组织程度通过单位耕地面积农业合作社数表征。

（5）信息环境。创新技术的有效扩散往往需要通畅便捷的信息环境，而交通及信息媒介是构成信息环境的重要因素，便捷的交通可有效降低距离的摩擦系数，大幅减少创新空间扩散的时间与成本（刘笑明和李同昇，2008），电话、广播、电视、互联网等信息媒介可消除因信息不对称引起的创新扩散不确定性，进而增加扩散的成功率（李树奎和李同昇，2011）。因此，本书选取电视覆盖程度、电话覆盖程度以及公路发展水平来反映区域的信息环境。其中，电视覆盖程度用农村每百户彩色电视机数表示，电话覆盖程度用农村每百户移动电话数表示，公路发展水平用每百平方千米公路总里程表示。

（6）社会环境。特定区域的人口素质、受教育程度、文化背景等社会因素也是影响创新技术接受度的重要因素，文化程度的高低决定着技术采用主体学习并掌握新技术的能力。通常而言，文化程度较高者越容易接受新技术，也容易掌握新技术。因此，本书选取农村就业劳动力文盲率、高中以上文化程度农村就业劳动力占比及农村就业劳动力平均受教育年限3个指标反映区域的社会环境。

二、宁夏县域农业技术扩散环境评价数据处理

本节使用的社会经济数据主要来源于2019年各市统计年鉴、2019年《中国县域统计年鉴（县市卷）》、2019年《宁夏统计年鉴》、2018年各县（区）国民经济和社会发展统计公报、2018年同心县经济要情手册及各县（区）政府官网。特别地，农业规模经营户数量及农用机械拥有量源于各县（区）第三次全国农业普查公报，合作社数据通过爱企查网站获取（https://aiqicha.baidu.com/），银川各县（区）的公路总里程数据来源于银川交通运输基本数据统计信息汇编。

为克服多指标间的信息重叠问题及主观赋权的臆断性问题，本书在对数据进行标准化处理的基础上，采用熵值法进行指标权重赋值（见表3-1）。

表3-1 宁夏县域农业技术扩散环境评价指标体系

目标层	准则层	计算公式	权重
A1 政策环境	B1 农业投资水平	农林牧渔业固定资产投资额/耕地面积（万元/公顷）	0.0940
	B2 要素投入水平	农用化肥施用量/耕地面积（吨/公顷）	0.0587
	B3 政策支持力度	农林水事务支出/一般公共财政预算支出（%）	0.0314
A2 经济环境	B4 农民收入水平	农村居民人均可支配收入（元）	0.0540
	B5 劳动力生产率	农林牧渔业总产值/农业从业人员（万元/人）	0.0444
	B6 土地生产率	农林牧渔业增加值/耕地面积（万元/公顷）	0.0606
A3 资源环境	B7 人均耕地面积	耕地面积/农村总人口（公顷/人）	0.0685
	B8 人均奶牛存栏量	奶牛存栏量/农村总人口（头/人）	0.1311
	B9 设施农业面积	设施农业占地面积/农村总人口（公顷/人）	0.0772
A4 科技环境	B10 农业合作组织面积程度	农业合作社数/耕地面积（个/公顷）	0.0436
	B11 农业规模化程度	农业规模经营户/耕地面积（户/公顷）	0.0687
	B12 农业机械化水平	农业机械拥有量/农村总人口（台/人）	0.0517

续表

目标层	准则层	计算公式	权重
A5 信息环境	B13 移动电话覆盖率	农村每百户移动电话数（台）	0.0477
	B14 彩色电视覆盖率	农村每百户彩色电视机数（台）	0.0305
	B15 公路发展水平	公路总里程/地区总面积（千米/百平方千米）	0.0503
A6 社会环境	B16 就业劳动力文盲率	农村就业劳动力文盲率（%）	0.0224
	B17 平均受教育程度	农村就业劳动力平均受教育年限（年）	0.0298
	B18 就业劳动力教育结构	农村就业劳动力高中以上文化程度比率（%）	0.0354

三、宁夏县域农业技术扩散环境评价结果

依据指标权重及标准化后指标数值计算得出宁夏县域农业技术扩散环境的综合指数得分，并利用Arcgis自然断裂点法将扩散环境划分为高水平（0.4234~0.5926）、中水平（0.2813~0.4234）及低水平（0.1097~0.2813）三个类别。

由数据可知，宁夏县域农业技术扩散环境水平相对较低且整体呈"北高南低"的空间格局。22个县（区）中，农业技术扩散环境高水平县（区）仅5个，约占22.73%；中水平县（区）共7个，约占31.82%；低水平县（区）共10个，约占45.45%。中、高水平县（区）主要分布在宁夏北部引黄灌区，其原因可能在于北部引黄灌区紧邻黄河，水利条件优越，土地平坦肥沃，农业资源丰富，具备得天独厚的农业生产条件，是国家级农产品主产区。同时，自治区首府及多地市的政治中心均集中在此，区位优势突出，政策倾斜度高，基础设施完善，经济实力较强，科技、信息、教育及人力等资源高度聚集，雄厚的先期基础和稳定的后期投入均为其接受技术扩散创造了良好的条件。低水平县（区）主要集中在中部干旱带及南部黄土丘陵区，这些区域在区位条件、地形地势、自然资源、经济条件及政策支持等多个方面均存在劣势。一方面，远离政治、经济中心致使其科技投入不足，经济发展落后；另一方面，该区域地貌类型以黄土丘陵及山地为主，地势高低起伏，不利于开展农业生产。此外，因生态脆弱、灾害频发、土地超载，该区域的生态重要性尤为突出，是国家级重点生态功能区，在一定程度上限制了农业开发。

就准则层而言，不同的评价因子对不同县（区）技术扩散环境的贡献程度存在显著差异（见表3-2）。高水平地区包括利通、青铜峡、惠农、贺兰及兴庆等县（区），这一类型地区在大多数指标上均有理想的表现，是最具优势也最适宜的扩散区域。其中，利通区、青铜峡市及贺兰县在政策环境、资源环境、经济环境及信息环境等方面均存在显著优势，但在科技环境方面均表现欠佳，组织化程度和规模化程度有待提升，应在既有优势的基础上，加大力度发展规模化、组织化经营，为创新成果的有序流动提供更好的中介平台。惠农区和兴庆区的政策环境、资源环境、经济环境、科技环境及社会环境均处于中上水平，但信息环境均相对落后，在一定程度上阻碍了创新技术的有效扩散，应在农村信息网络及路网建设方面加以提升，畅通农业技术信息的传播渠道。值得注意的是，惠农区的政策环境位列第一，用于发展农业的财政支持相对充足，可为承接技术扩散提供强有力的项目支撑；兴庆区在经济环境上占有绝对优势，农民收入水平及农业生产水平均相对突出，可为承接技术扩散提供扎实的经济基础；利通区在资源环境上优势明显，奶牛养殖规模和设施农业规模均较为突出。

表3-2 宁夏县域农业技术扩散环境评价结果

地区	政策环境	经济环境	资源环境	科技环境	信息环境	社会环境	总得分
兴庆	0.0789	0.1359	0.1113	0.0751	0.0371	0.0432	0.4815
西夏	0.0532	0.0989	0.0788	0.0958	0.0288	0.0678	0.4234
金凤	0.0354	0.0729	0.0852	0.0470	0.0197	0.0815	0.3417
永宁	0.0613	0.1002	0.1034	0.0425	0.0424	0.0565	0.4062
贺兰	0.0869	0.1166	0.1234	0.0693	0.0719	0.0443	0.5124
灵武	0.0485	0.1033	0.0473	0.0964	0.0379	0.0397	0.3731
大武口	0.0466	0.0478	0.0383	0.0491	0.0553	0.0442	0.2813
惠农	0.1430	0.1049	0.1107	0.0902	0.0280	0.0614	0.5381
平罗	0.0704	0.0885	0.0364	0.0821	0.0385	0.0365	0.3524
利通	0.1073	0.1347	0.1499	0.0607	0.0876	0.0524	0.5926
红寺堡	0.0509	0.0069	0.0188	0.0313	0.0247	0.0055	0.1382
盐池	0.0118	0.0286	0.0965	0.0460	0.0283	0.0400	0.2513
同心	0.0307	0.0100	0.0437	0.0238	0.0417	0.0338	0.1837

续表

地区	政策环境	经济环境	资源环境	科技环境	信息环境	社会环境	总得分
青铜峡	0.1361	0.1079	0.1189	0.0753	0.0763	0.0712	0.5857
原州	0.0265	0.0314	0.0243	0.0308	0.0492	0.0145	0.1768
西吉	0.0274	0.0140	0.0391	0.0311	0.1137	0.0191	0.2443
隆德	0.0349	0.0364	0.0155	0.0331	0.0874	0.0348	0.2421
泾源	0.0842	0.0194	0.0217	0.0286	0.0700	0.0311	0.2550
彭阳	0.0423	0.0306	0.0813	0.0189	0.0676	0.0238	0.2646
沙坡头	0.0555	0.0718	0.1004	0.0835	0.0275	0.0482	0.3869
中宁	0.0682	0.0586	0.0303	0.0695	0.0602	0.0368	0.3235
海原	0.0139	0.0110	0.0250	0.0128	0.0136	0.0335	0.1097

中水平地区包括西夏、永宁、沙坡头、灵武、平罗、金凤及中宁等县（区），该类型县（区）大部分指标均处于中等水平，指标优势大于劣势，个别指标相对落后，需重点关注，加以改进。具体地，西夏区在科技环境及社会环境方面均有相对优势，但却受到信息环境的制约，应着重加强农村信息平台的搭建；永宁县在资源环境和社会环境方面表现良好，但科技环境相对薄弱，这与其农业规模化水平较低密切相关，应加快推动土地流转，发展规模经营；沙坡头区承接技术扩散的科技环境最为优越，农业规模化水平和组织化程度均较为突出，但信息环境相对落后，农村信息环境建设迫在眉睫；灵武市的政策环境、经济环境、资源环境、信息环境及社会环境均处于中等偏下水平，但因其科技环境因子位列第一，承接技术扩散的科技服务水平高于其他县（区），因而将整体扩散环境提升至中等水平；平罗县在政策环境及科技环境方面表现突出，但在资源环境方面存在根本劣势；金凤区的社会环境因子位列第一，农村就业劳动力的文化素质整体较高，易于接受创新技术的扩散，但其农业政策环境及信息环境总体欠佳，这可能与其城市功能、定位有关，作为银川的行政和文化中心，金凤区对农业生产的重视程度相对较低，因此政策对农业的投入力度相对较小，但仍需注重农村地区的信息环境建设；中宁县需在社会环境与资源环境方面做出努力。

低水平地区在绝大部分指标上均存在明显劣势，导致其扩散环境的总体水平欠佳。具体地，由表3-2可知，此类地区在经济环境、科技环境和社会环境三类指标上均表现不佳，表明经济发展水平落后、科技服务能力较低及农村就业劳动力文化素质不高是制约低水平地区承接农业技术扩散的主要因素。除此之外，大武口区在资源环境上表现不理想，这可能与其"重工轻农"的历史背景有较大关系；彭阳县的政策环境指标得分较低，这与其农业投资水平低、要素投入少有关；泾源县存在资源环境较差的现实问题，抑制了其整体的技术扩散环境水平，但其政策环境较为突出，可通过政策扶持带动扩散环境的整体优化；盐池县在政策环境和信息环境方面不具备优势，应加强政策支持与引导，并不断完善农村基础设施以畅通信息传播渠道；西吉县、隆德县及原州区均在政策环境和资源环境方面存在劣势，这可能与南部山区农业资源匮乏、农业发展不受重视有关，值得注意的是，西吉县和隆德县在所有县（区）中信息环境优势突出，这与当地公路网密度发达密切相关；红寺堡区、同心县及海原县在各个方面均没有突出表现，需加强对农业技术扩散环境建设的重视，从多方入手全面提升农业技术扩散的综合水平。

第三节 园区技术扩散空间划定

地理空间邻近、产业结构相似及扩散环境良好是农业科技园区技术有效扩散的基本前提，因此，本节通过技术扩散环境、地理空间邻近度及产业结构相似度修正引力模型，量化作为扩散源的吴忠国家农业科技园区对其他各县（区）的技术辐射强度，并借助Arcgis自然断裂点法将各县（区）依据技术辐射强度大小划分为高、中、低三类，进一步识别宏观尺度下的园区技术扩散空间特征。

一、园区技术扩散空间划定方法

引力模型是以万有引力公式为基础，用于区域经济、市场分析等研究领域的经典模型，Berry（1966）将其引入技术扩散研究中，用以描述技术扩散的空间分布特征。本书借鉴李普峰等（2010）的做法，在引力模型基本形式的基础上，引入技术扩散环境、地理空间邻近度及产业结构相似度,构建技术辐射强度模型量化扩散源对周边县(区)的技术辐射强度,具体公式如下:

$$F_{ij} = G \times \frac{S_i \times S_j}{D_{ij}^b} \tag{3.1}$$

式中,F_{ij} 代表地区 i 和 j 之间技术扩散的相对强度,S_i 和 S_j 分别表示地区 i 和 j 的技术扩散环境水平值,D_{ij} 为地理空间邻近度,本书用两地间的交通距离表示,G 为产业结构相似度,表示因两地产业结构差异带来的损耗系数,且 $0 \leq G \leq 1$,计算公式如下:

$$S_{ab} = \sum_{j=1}^{n}(S_{ab} \times S_{bj}) \Big/ \sqrt{\sum_{j=1}^{n} S_{aj}^2 \times \sum_{j=1}^{n} S_{bj}^2} \tag{3.2}$$

式中,S_{aj} 和 S_{bj} 分别代表 a 县(区)和 b 县(区)中 j 行业在国民生产总值中所占的比重,n 为该地区产业体系中的行业数量,受数据获取限制,本书中 n 特指第一、第二、第三产业,即 $n=3$。

二、园区技术扩散空间划定结果

借助 Arcgis 自然断裂点法将各县(区)依据技术辐射强度大小划分为高、中、低三类,即园区的一级辐射区、二级辐射区和潜在辐射区,得到吴忠国家农业科技园区的技术扩散空间图。其中,一级辐射区包括利通、青铜峡及灵武三个县(区),占样本县总数的 13.64%,主要位于宁夏中部地区,此类县(区)接受园区的技术辐射强度最高,在技术扩散环境水平和地理空间邻近度两方面均占据优势;二级辐射区包括贺兰、永宁、金凤、西夏、兴庆、中宁、沙坡头及红寺堡八个县(区),占样本县总数的 36.36%,主要分布于宁夏北部引黄灌区及中部干旱带,此类县(区)接受园区的技术辐射强度居中,在空间位置上多毗邻一级辐射区;其余县(区)为潜在辐射区,占样本县总数的 50.00%,接受园区的技术辐射强度较低,多存在到园区距离较远或技术扩散环境水平较差的弊端,主要分布于宁夏北部地区与中南部地区。

农业技术扩散通常在空间上呈现"扩展扩散""等级扩散"及"跳跃式扩散"等扩散形式(满明俊,2010)。农业科技园区的技术扩散往往遵循农业技术扩散的一般规律，但因园区类型、技术属性及扩散区域的不同，技术扩散的空间特征会呈现出一定的特殊性与差异性（李同昇和罗雅丽，2016）。由分析可知，吴忠国家农业科技园区对宁夏各县（区）的技术辐射强度存在显著的空间差异。总体上，技术辐射强度随着与园区距离的增加而逐步减小，邻近园区的县（区）更易接受园区的技术辐射并率先采用技术。但同时也表现出一定的等级扩散特征，例如：惠农、平罗等县（区）虽有良好的技术扩散环境，但极显著的区位劣势削弱了园区对其的技术辐射强度；同心、盐池等县（区）虽在到园区距离上占据优势，但受其技术扩散环境水平的限制，接受技术辐射的强度也相对较低；沙坡头、贺兰等县（区）尽管到园区距离相对较远，但因技术扩散环境水平较高，技术辐射强度也相对较大。由此可见，宏观尺度下的吴忠国家农业科技园区技术扩散呈现出扩展扩散和等级扩散相结合的空间特征，即总体上遵循"距离衰减"规律，以园区为核心向毗邻地区连续蔓延，局部会克服距离阻碍，优先选择向较高水平地区扩散。

本章小结

首先，通过对吴忠国家农业科技园区基本情况和主导产业调研和分析，确定了本书研究的技术对象为奶牛健康养殖技术和设施蔬菜种植技术。

其次，从经济环境、政策环境、资源环境、科技环境、社会环境及信息环境六个方面构建综合评价指标体系，对宁夏县域技术扩散环境进行评价发现，宁夏县域农业技术扩散环境水平相对较低且整体呈"北高南低"的空间格局。

最后，基于技术环境扩散水平、地理空间邻近度及产业结构相似度改进引力模型，测算扩散源（吴忠国家农业科技园区）对周边县（区）的技术辐射强度，依据辐射强度大小，划定吴忠国家农业科技园区技术扩散的一级辐射区、二级辐射区及潜在辐射区。

第四章 新型经营主体技术采用现状分析

第一节 实地调研方案

一、调研对象确定

（1）样区确定。因本书主要探究吴忠国家农业科技园区奶牛健康养殖技术及设施蔬菜种植技术的扩散情况，所以在样区的选择上主要基于两个原则：一是以吴忠国家农业科技园区为核心，采用1∶1的抽样方法，按照前文确定的辐射圈层，在一级辐射区和二级辐射区分别选择3个样本县，以分析不同辐射圈层的扩散差异；二是综合考虑设施蔬菜种植规模和奶牛养殖规模，尽可能选择设施蔬菜重点县及奶业大县，以保证样本量的充足，客观真实地反映扩散情况。最终确定奶牛健康养殖技术的研究样区包括利通区、灵武市、青铜峡市、兴庆区、贺兰县及沙坡头区六县（区），设施蔬菜种植技术的研究样区包括利通区、灵武市、青铜峡市、贺兰县、永宁县及沙坡头区六县（区），其中，利通区、青铜峡市及灵武市属于一级辐射区，贺兰县、兴庆区、永宁县及沙坡头区属于二级辐射区。需要说明的是，潜在辐射区中的县（区）大多不是奶牛养殖或设施蔬菜种植的优势区,产业发展规模相对有限,考虑到研究的数据量需求以及样本代表性,本书暂不考虑潜在辐射区的扩散情况。

(2)样本选择。农业科技园区的技术扩散系统涉及技术供体、农业技术、技术受体、扩散渠道及扩散环境五个相互关联的基本要素(李同昇和罗雅丽,2016)。本书假定的技术供体为吴忠国家农业科技园区,园区通过技术研发、引进、示范为辐射区域提供改良技术;农业技术为园区重点推广的奶牛健康养殖技术与设施蔬菜种植技术;扩散渠道是通过农民培训、媒体宣传、示范企业等模式搭建技术桥梁,将技术传递给技术受体,吴忠国家农业科技园区的扩散渠道主要有基地示范、培训学校、专家大院、示范企业及科技特派员等形式;扩散环境是扩散空间内经济环境、政策环境、资源环境、信息环境、科技环境及社会环境的综合;技术受体是技术扩散的主要目标群体,通常以传统农户为主。然而,近年来,在宁夏各地政府的大力支持下,以合作社、农业企业及家庭农场为代表的新型经营主体大量涌现,此类主体具有较高的技术采用热情,逐渐成为园区技术扩散的重要受体。就奶牛养殖产业而言,吴忠乃至整个宁夏地区先后实施奶牛"出户入园"工程及"出户入场"工程,大力推行奶牛养殖的标准化、规模化,传统散户在这一转型升级过程中逐渐被市场淘汰,所剩无几。但对于设施蔬菜种植而言,传统农户仍然是相关技术不可忽视的重要受体,探讨园区技术扩散下设施蔬菜种植主体的技术采用过程,也应充分考虑传统农户的技术采用行为。因此,本书研究的主要技术受体为新型经营主体,但设施蔬菜种植技术采用研究中增加传统农户为参照,以更准确地梳理新型经营主体的采用特征。

二、实地调研安排

本书的数据获取分为三个阶段展开:

(1)第一阶段调研于2018年7月,主要以相关机构走访及二手数据获取为主。具体走访了吴忠国家农业科技园区管委会、吴家沟村村委会、利同村村委会、吴忠市农业农村局、利通区农业农村局、吴忠市统计局及利通区统计局等部门,全面调研了吴忠国家农业科技园区的主导产业、主推技术、推广模式、扩散范围、技术培训及新型农业经营主体发展等基本情况,并对吴忠市新型农业经营主体及主导产业发展情况做了充分了解，获取了相关数据资料。此外，实地考察了吴忠国家农业科技园区设施农业示范基地及宁夏欣庆农牧有限公司，掌握了园区设施蔬菜种植及奶牛健康养殖示范技术的基本原理、应用情况及推广问题。

（2）第二阶段调研于 2019 年 7 月，项目组在第一阶段调研基础上，确定了奶牛养殖技术样本县，设计安排了《新型经营主体技术采用行为调查问卷——奶牛养殖技术分问卷》及相关部门访谈提纲，对奶牛养殖技术采用情况展开了深度调研。首先，赴各样本县（区）农业部门进行深入访谈，了解当地奶牛养殖产业发展情况、重点乡镇及新型经营主体的分布情况，尽可能地获取各县（区）的奶牛养殖主体名单。其次，采用深度访谈与问卷调查相结合的方式开展调研。由于奶牛养殖风险大，卫生防疫要求严格，多数牧场谢绝外来人员入内，数据获取难度较大，因此，为尽可能多地获取有效数据，项目组采用普查的方式对样本县内所有牧场进行一一走访，说明调研目的与意义，在征得牧场场长或相关负责人的许可后进入牧场，并在进出场时严格遵守牧场卫生防疫与消毒制度。此外，因牧场建设相对分散，地址不明确，项目组主要通过卫星遥感影像来精准确定奶牛牧场位置。

（3）第三阶段调研于 2020 年 5 月，项目组在第一阶段调研和确定设施蔬菜种植技术样本县的基础上，设计安排了《新型经营主体技术采用行为调查问卷——设施蔬菜种植技术分问卷》《传统农户技术采用行为调查问卷》及相关部门访谈提纲，对设施蔬菜种植技术采用情况展开了深度调研。项目组先赴主要县（区）农业部门进行深入访谈，了解当地设施蔬菜产业的发展情况、重点乡镇及新型经营主体分布情况，尽可能获取各县（区）各乡镇的设施蔬菜种植新型经营主体名单。进一步地，采用深度访谈与问卷调查相结合的方式开展深入调研，调研区域为各样本县的设施蔬菜重点镇。由于设施蔬菜新型经营主体正处于发展阶段，成熟的新型经营主体相对较少，为保证样本量，调研采用普查的方式展开。其中，利通区主要调查郭家桥镇、古城镇及金积镇；灵武市主要调查白土岗乡、郝家桥镇和梧桐树乡；永宁县主要调查杨和镇、望远镇、胜利乡及望洪镇；沙坡头区主要调研镇罗镇、柔远镇、东园镇及文昌镇；贺兰县主要调研金贵镇、立岗镇、习岗镇及常信乡；青铜峡市设施农业在全县分散分布，因此调研范围涉及全县所有镇。此外，为收集具有代表性的传统农户数据，调研采用多阶段分层抽样方法，在6个设施蔬菜样本县有目的地选择3个重点镇，并从每个镇随机选择35~40户家庭。由于受访传统农户文化程度普遍较低，文盲占比较大，问卷调查相对困难，因此，实地调研普遍采用一对一访谈的形式，记录员根据被访者回答进行问卷填写，同时利用两步路App记录每个受访对象所处位置的海拔高度、经纬度等信息。

最终，共发放正式问卷946份，剔除逻辑不通、信息不全的无效问卷，共得到890份有效问卷。其中，发放养殖主体问卷129份，得到有效问卷125份，问卷有效率为96.90%；发放种植主体问卷177份，得到有效问卷160份，问卷有效率为90.40%；共发放传统农户问卷640户，得到有效问卷605份，问卷有效率为94.53%。

第二节 样本特征分析

一、新型经营主体基本特征

（1）新型经营主体决策者基本特征。主要从决策者性别、年龄及文化程度共三个方面展开分析，具体内容如表4-1所示。从性别来看，新型经营主体决策者以男性为主，共260份，占全样本总量的91.23%，其中，养殖主体男性决策者116份，占养殖主体样本总数的92.80%，种植主体男性决策者144份，占种植主体总样本量的90.00%，表明男性是样本区农业规模生产经营的主力军。从年龄来看，新型经营主体决策者以中年为主，40~59岁的样本共191份，占全样本总量的67.02%，其中，40~59岁的养殖主体样本共84份，占养殖主体样本总量的67.20%，40~59岁的种植主体样本共107份，占种植主体总样本量的66.88%；30岁以下的样本共19份，仅占全样本总数的6.67%，其中，养殖主体11份，占养殖主体样本总量的8.80%，种植主体8份，占种植主体样本总量的5.00%。从文化程度来看，样本区新型经营主体决策者以初中及以上文化水平为主，共251份，占全样本总数的88.07%，其中，在养殖主体中，初中及以上文化水平的样本共110份，占总样本量的88.00%，在种植主体中，初中及以上文化程度的样本共141份，占样本总数的88.14%。可见，与传统农户相比，新型经营主体决策者的文化程度普遍较高。

表4-1 新型经营主体决策者基本情况（N=285）

类别		全样本		养殖样本		种植样本	
		数量（个）	比例（%）	数量（个）	比例（%）	数量（个）	比例（%）
性别	男	260	91.23	116	92.80	144	90.00
	女	25	8.77	9	7.20	16	10.00
年龄	30岁以下	19	6.67	11	8.80	8	5.00
	30~39岁	62	21.75	24	19.20	38	23.75
	40~49岁	111	38.95	51	40.80	60	37.50
	50~59岁	80	28.07	33	26.40	47	29.38
	60岁及以上	13	4.56	6	4.80	7	4.38
文化程度	小学以下	7	2.46	4	3.20	3	1.88
	小学	27	9.47	11	8.80	16	10.00
	初中	112	39.30	45	36.00	67	41.88
	高中（含中专）	88	30.88	37	29.60	51	31.88
	大专及以上	51	17.89	28	22.40	23	14.38

（2）养殖主体基本特征。主要从经营规模（奶牛存栏量）、订单农业、员工规模及成立时间等方面展开分析，具体内容如表4-2所示。在经营规模方面，养殖主体以1000~1999头的样本为主，样本量为47，占总量的37.60%，其次为2000~4999头的样本，样本量为33，占总量的26.40%，500头以下的小规模牧场仅13份，占样本总数的10.40%，表明目前样本区奶牛养殖规模化程度较高，中等规模牧场占比最大；在订单农业方面，125份样本中，有86.40%的养殖主体参与了订单农业，与伊利、蒙牛等乳企签订了收购契约，表明样本县奶牛养殖具有较高的产业化协作水平；在成立时间方面，有83.20%的牧场成立时间不足10年，且其中24.00%的牧场成立不足5年，表明在"出户入园""出户入场"等政策的推动下，样本县奶牛养殖产业在近10年间取得了快速发展；在员工规模方

面，近半数（42.40%）的养殖主体员工规模达30人以上，仅7份样本（5.60%）的员工规模少于5人。可见，奶牛养殖主体基本形成了企业化的管理模式。

表4-2　养殖主体基本特征（N=125）

	类别	养殖样本 数量（个）	比例（%）
经营规模	500头以下	13	10.40
	500~999	29	23.20
	1000~1999	47	37.60
	2000~4999	33	26.40
	5000头及以上	3	2.40
成立时间	5年以下	30	24.00
	5~9年	74	59.20
	10年及以上	21	16.80
订单农业	是	108	86.40
	否	17	13.60
员工规模	5人及以下	7	5.60
	6~10人	10	8.00
	11~20人	28	22.40
	21~30人	22	17.60
	30人以上	53	42.40

（3）种植主体基本特征。主要从经营规模（设施蔬菜种植面积）、订单农业、员工规模及成立时间等方面展开分析。在经营规模方面，种植主体以20亩以下的小规模主体和80亩以上的大规模主体为主，前者样本量为56份，占样本总量的35.00%，后者样本量为44份，占样本总量的27.50%，表明样本县设施蔬菜种植主体经营规模两极分化严重，大规模和小规模主体居多，但种植规模普遍大于传统农户；在订单农业方面，在160份种植主体样本中，有40.00%的样本通过"农企对接""农超对接"及"电商对接"等形式参与了订单农业，说明样本县种植主体具有一定的产业化协作水平，但与养殖主体相比，仍存在一定差距；在成立时间方面，新型经营主体的种植年限整体短于传统农户，有80.63%的种植主体成立时间不足10年，且其中64.77%的样本成立时间不足5年，这可

能与近5年样本县加大设施蔬菜种植新型经营主体的培育力度有一定关系；在员工规模方面，受访种植主体的员工规模以5人及以下为主，样本数共73份，占样本总量的45.63%，其次为6~10人的样本，样本数为47份，占总样本量的29.38%。可见，与养殖主体相比，种植主体的员工规模相对较小，这可能与种植主体多为合作社及家庭农场有关。

二、传统农户基本特征

（1）传统农户基本特征。主要从决策者性别、年龄、文化程度及种植经验共四个方面具体分析，具体内容如表4-3所示。在受访者性别方面，男性决策者样本量为349，占样本总量的57.69%，女性决策者为256，占样本总量的42.31%。可见，尽管男性仍在小农生产中占据主导地位，但因农村男性劳动力非农转移的现象日益凸显，农业生产决策者又有逐渐向女性倾斜的趋势；在受访者年龄方面，605份样本中，40岁以上的样本共520份，占样本总数的85.94%，且其中13.88%的样本年龄超过了60岁，而30岁以下样本仅12份，占样本总数的1.98%，表明设施蔬菜种植老龄化现象明显，劳动力以中老年为主，从事农业生产经营的青年人偏少；从文化程度来看，605份传统农户样本中，初中以下文化程度者占样本总量的86.77%，且其中29.52%为文盲，而高中及以上文化程度样本仅80份，占样本总数的13.22%，没有大专及以上文化程度者，说明与新型经营主体相比，样本县传统农户的文化程度整体偏低；在种植经验方面，605份传统农户样本中，以有6~10年种植经验的样本居多，占样本总量的39.83%，其次为有5年及以下种植经验的传统农户，占样本总量的26.61%，而具有20年以上经验的样本仅9份，占样本总数的1.49%，由此可见，近10年样本县的设施蔬菜种植发展迅速，涌现出大批的从业者。

表4-3 传统农户基本特征（N=605）

	类别	数量（个）	比例（%）
性别	男	349	57.69
	女	256	42.31

续表

	类别	数量（个）	比例（%）
年龄	30岁以下	12	1.98
	30~39岁	73	12.07
	40~49岁	220	36.36
	50~59岁	216	35.70
	60岁及以上	84	13.88
文化程度	小学以下	155	25.62
	小学	167	27.60
	初中	203	33.55
	高中（含中专）	80	13.22
	大专及以上	0	0
种植经验	5年及以下	161	26.61
	6~10年	241	39.83
	11~15年	134	22.15
	16~20年	60	9.92
	20年以上	9	1.49

（2）传统农户生产经营特征。主要从经营规模、兼业情况、组织程度、家庭规模共四个方面具体分析，具体内容如表4-4所示。在经营规模方面，传统农户以4亩以下的样本为主，共431份，占样本总数的71.24%，且其中29.09%的样本种植规模不足2亩，表明传统农户设施蔬菜种植的规模化程度较低；在兼业情况方面，605份样本中，仅25.95%的样本为纯农业户，以务农为家庭主要收入来源，其余74.05%的样本均有兼业，且非农兼业户占比高达31.74%，表明在样本县传统农户"兼业化"现象严重，"农忙务农、农闲务工"已成常态；在组织程度方面，仅88份样本加入了合作社，占样本总数的14.55%，表明样本县传统农户的组织化程度相对较低；在家庭规模方面，受访户家庭规模集中于3~4人，占样本总量的61.98%，这也符合我国农村家庭的人口特征。

表4-4 传统农户生产经营特征（N=605）

	类别	数量（个）	比例（%）
经营规模	2亩以下	176	29.09
	2~4亩	255	42.15
	4~6亩	93	15.37
	6~8亩	36	5.95
	8亩及以上	45	7.44

续表

	类别	数量（个）	比例（%）
兼业情况	非农兼业户	192	31.74
	农业兼业户	256	42.31
	纯农业户	157	25.95
组织程度	是	88	14.55
	否	517	85.45
家庭规模	2人及以下	47	7.77
	3~4人	375	61.98
	5~6人	180	29.75
	6人以上	3	0.50

第三节 技术采用行为特征分析

一、园区感知情况

（1）园区认知。总体来看，新型经营主体对园区的知晓度显著高于传统农户，养殖主体对园区的知晓度高于种植主体，一级辐射区对园区的知晓度高于二级辐射区。69.47%的新型经营主体表示听说过吴忠国家农业科技园区，其中，养殖主体对园区的知晓度为79.20%，种植主体对园区的知晓度为61.88%，而传统农户对园区的知晓度仅为35.37%。新型经营主体了解园区的渠道以正式渠道与非正式渠道相结合为主，政府介绍及同行介绍是最普遍的两种渠道，仅有16.25%的养殖主体及15.00%的种植主体通过园区推介了解到园区。与新型经营主体不同的是，传统农户主要通过同行介绍等非正式渠道了解园区，仅有6.94%的农户通过园区推介了解到园区。此外，部分农户通过合作社、农业企业等中间组织获取园区的技术信息或新技术，但仅知晓此类中间组织，对技术源缺乏认知,导致整体知晓度较低。媒体宣传在园区推广方面发挥的作用较小,仅5.26%的新型经营主体与0.08%的传统农户通过媒体宣传了解到园区。

(2)园区服务。总体来看,新型经营主体对园区技术服务的接受率显著高于传统农户,45.61%的新型经营主体直接或间接地接受过园区的技术服务,养殖主体和种植主体的接受率分别为49.60%和42.50%,养殖主体主要通过基地示范、集中培训及咨询服务的形式接受园区技术服务,83.87%的养殖主体接受过3次以上的园区技术服务,种植主体主要通过基地示范、集中培训和龙头企业示范等形式接受服务,仅21.73%的种植主体获得过3次以上的园区技术服务。传统农户对园区技术服务的接受率仅为10.58%,其中,75.00%的农户仅接受过一次技术服务,0.08%的农户接受过3次以上的技术服务,技术接受形式以基地示范为主。在服务质量评价方面,18.57%的接受过园区技术服务的种植主体选择了不满意,认为园区技术服务存在"技术成本高""技术不实用""服务形式差"及"服务次数少"等问题;6.45%的接受过园区技术服务的养殖主体选择了不满意,认为园区技术服务存在"技术太单一"和"技术不实用"的问题;32.31%的接受过园区技术服务的农户选择了不满意,认为园区技术服务存在"技术成本高""技术不适用"及"技术不实用"的问题。

二、技术需求情况

(1)本书将决策主体对新技术的需求强度分为五个等级,分别为"低""较低""一般""较高"及"高",通过对不同类型决策主体的技术需求强度对比可知(见图4-1),调研样本对新技术的需求强度普遍较高但存在主体差异性。其中:①新型经营主体较传统农户有更高的新技术需求,其平均技术需求强度为3.89,在285份样本中,对新技术需求度"高"的样本约占44.56%,而传统农户的平均技术需求强度为34.71,605份样本中,仅34.71%的样本对新技术表示出高度需求。②养殖主体较种植主体有更高的新技术需求,二者的平均技术需求强度分别为4.17和3.68,79.20%的养殖主体对新技术持积极态度,有"较高"或"高"的技术需求,且仅2.40%的养殖主体认为不需要新技术。技术需求强度"较高"或"高"的种植主体共97个,占种植主体样本总量的60.63%,有

10.00%的种植主体认为不需要新技术。③农业企业较合作社和家庭农场有更高的新技术需求,且这一特点在养殖主体中更为突出。养殖主体样本中,农业企业、合作社及家庭农场的平均技术需求强度分别为4.52、3.97和3.00,89.29%的农业企业、74.60%的合作社和33.34%的家庭牧场对新技术持积极态度。种植主体样本中,农业企业、合作社及家庭农场的平均技术需求强度分别为4.14、3.70和3.34,35.71%的农业企业、41.03%的合作社和34.48%的家庭农场有"高"的技术需求。

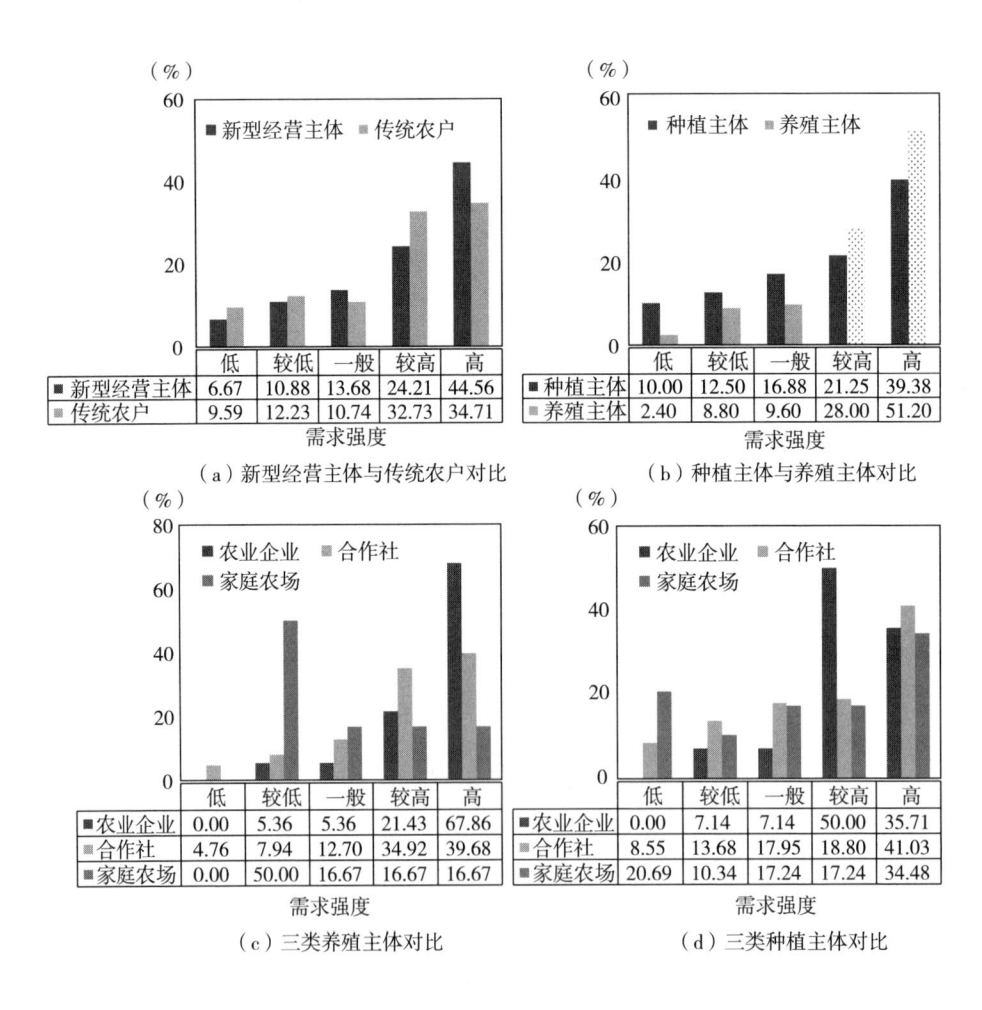

(a)新型经营主体与传统农户对比

需求强度	低	较低	一般	较高	高
新型经营主体	6.67	10.88	13.68	24.21	44.56
传统农户	9.59	12.23	10.74	32.73	34.71

(b)种植主体与养殖主体对比

需求强度	低	较低	一般	较高	高
种植主体	10.00	12.50	16.88	21.25	39.38
养殖主体	2.40	8.80	9.60	28.00	51.20

(c)三类养殖主体对比

需求强度	低	较低	一般	较高	高
农业企业	0.00	5.36	5.36	21.43	67.86
合作社	4.76	7.94	12.70	34.92	39.68
家庭农场	0.00	50.00	16.67	16.67	16.67

(d)三类种植主体对比

需求强度	低	较低	一般	较高	高
农业企业	0.00	7.14	7.14	50.00	35.71
合作社	8.55	13.68	17.95	18.80	41.03
家庭农场	20.69	10.34	17.24	17.24	34.48

图4-1 不同类型决策主体技术需求强度对比

综上，与传统农户相比，新型经营主体的技术需求强度更高。可能的原因是，新型经营主体产业化、规模化、集约化程度较高，对科技创新有着更高层次的需求，是农业新技术推广应用不可忽视的重要载体；与种植主体相比，养殖主体技术需求强度更高，可能的原因是，奶牛养殖标准化的必然趋势以及与大型乳企的契约签订为养殖主体生产经营提出了更高的技术要求；与合作社及家庭农场相比，农业企业对新技术的需求更迫切。这与檀艺佳和张晖（2021）的发现相反，可能的解释是，农业企业具有更明显的企业化特征，对市场信息也更敏感，更需要依靠技术资源来进行产业化经营。

（2）技术需求优先序可反映决策主体对创新技术需求的紧迫性及普遍性，结合样本区域奶牛养殖和设施蔬菜种植的实际情况，为养殖主体设置了农业信息技术、改进设施装备、良种繁育技术、粪污处理技术、牧场管理技术及疾病防控技术共六个技术需求选项，为种植主体及传统农户选择了农业信息技术、改进设施装备、改良品种、病虫害防治技术、栽培管理技术及土壤改良技术共六个技术需求选项。受访者依据自身需求依次选择最迫切需要的技术类型，本书基于频数法统计不同类型样本的农业技术需求优先序，统计结果表明：

1）从不同类型决策主体的技术需求优先序来看（见图4-2），改良设备设施和农业信息技术分别是种植主体和养殖主体最迫切需求的技术类型，而传统农户则更需要病虫害防治、土壤改良、栽培管理等传统改良技术。具体地，养殖主体对农业信息技术、良种繁育技术及牧场管理技术的需求比例较高，分别为55.20%、53.60%和43.40%，对粪污处理技术的需求比例最低，仅为28.00%；种植主体对于改进设施装备、改良品种及病虫害防治技术的需求比例较高，分别为64.38%、55.63%和49.38%，对土壤改良技术的需求比例最低，为31.88%；传统农户对病虫害防治技术、土壤改良技术及栽培管理技术等的需求比例最高，分别为67.60%、66.12%和56.03%，对于改进设施装备及农业信息技术没有太大需求，需求比例分别为32.89%和20.66%。总体来看，与传统农户更专注传统改良技术相比，新型经营主体更需要现代化农业装备与信息技术，原因可能有二：其一，病毒、虫害及土壤板结等问题是宁夏地区近些年设施蔬菜种植业最为频发的农业灾害类型，传统农户因抵御灾害及抗风险的能力较弱，农业生产备受打击，解决此类问题"迫在眉睫"；其二，新型经营主体经营规模大，有更强烈的提高生产效率及节省人力成本需求,对于小规模经营的传统农户而言,与劳动力成本相比,其更在意技术投入的资金成本及物质成本。

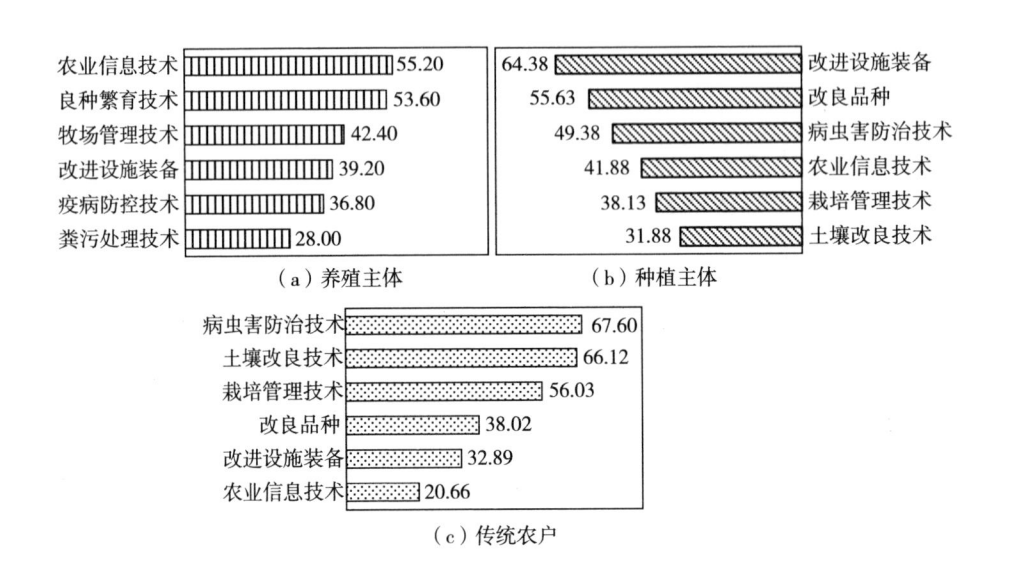

```
(a) 养殖主体
农业信息技术  55.20
良种繁育技术  53.60
牧场管理技术  42.40
改进设施装备  39.20
疫病防控技术  36.80
粪污处理技术  28.00

(b) 种植主体
改进设施装备  64.38
改良品种     55.63
病虫害防治技术 49.38
农业信息技术  41.88
栽培管理技术  38.13
土壤改良技术  31.88

(c) 传统农户
病虫害防治技术 67.60
土壤改良技术  66.12
栽培管理技术  56.03
改良品种     38.02
改进设施装备  32.89
农业信息技术  20.66
```

图 4-2 不同类型决策主体的技术需求优先序 (%)

2) 从不同类型种植主体的技术需求优先序来看(见表 4-5),设施蔬菜种植企业首选的技术类型是改进设施装备和农业信息技术,需求比例均为 85.71%,其次为改良品种,需求比例为 64.29%,其对土壤改良技术没有太大的需求,需求比例仅为 7.14%;合作社首选的技术类型是改进设施装备,需求比例为 62.39%,其次为改良品种和病虫害防治技术,二者的需求比例分别为 55.56% 与 51.28%,对土壤改良技术的需求比例最低,为 35.04%;家庭农场首选的技术类型也是改进设施装备,需求比例为 62.07%,其次为改良品种和病虫害防治技术,二者的需求比例分别为 51.72% 与 44.83%,对农业信息技术的需求比例最低,仅为 27.59%。总体来看,三类种植主体在技术需求优先序上存在一定的共性,即均对改进设施装备和改良品种有较高的技术需求,且对土壤改良技术的需求比例均较低,但又存在明显差异,表现为农业企业对农业信息技术有强烈的需求,家庭农场却对其没有太大需求。可能的原因是,尽管农业信息技术可改变传统的劳作方式,促进农业生产高效化,但其所需设备成本较高,且需要一定的专业素养,这让规模相对较小的家庭农场望而却步。

表 4-5 不同类型种植主体的技术需求优先序

技术类型	农业企业 百分比（%）	排序	合作社 百分比（%）	排序	家庭农场 百分比（%）	排序
改进设施装备	85.71	1	62.39	1	62.07	1
农业信息技术	85.71	1	40.17	4	27.59	6
改良品种	64.29	3	55.56	2	51.72	2
病虫害防治技术	42.86	4	51.28	3	44.83	3
栽培管理技术	35.71	5	38.46	5	37.93	4
土壤改良技术	7.14	6	35.04	6	31.03	5

3）从不同类型养殖主体的技术需求优先序来看（见表4-6），奶牛养殖企业首选的技术类型是农业信息技术和良种繁育技术，需求比例分别为55.36%和53.57%，其次是改进设施装备，需求比例为44.64%，对疫病防控技术和粪污处理技术的需求比例最低，均为28.57%；合作社首选的技术类型也是农业信息技术和良种繁育技术，需求比例分别为55.56%和52.38%，其次为疫病防控技术，需求比例为44.44%，对粪污处理技术的需求比例最低，为26.98%；家庭农场首选的技术类型是良种繁育技术及牧场管理技术，需求比例均为66.67%，其次是农业信息技术，需求比例为50.00%，对改进设施装备的需求强度最低，仅为16.67%。总体来看，三类养殖主体均对农业信息技术和良种繁育技术有着较高的需求。可能的原因是，样本县奶牛养殖已由散养粗放式管理转向标准化、规模化、现代化的管理模式，而信息技术正是这一发展大势下的"核心配置"，良种繁育技术是其中保证奶牛良种率的关键。此外，三类养殖主体均对粪污处理技术需求比例较低，这可能与粪污处理技术对牧场的效益提升没有直接影响有一定关系，且调研发现，部分养殖主体的环境保护意识相对淡薄。值得注意的是，家庭农场首选牧场管理技术，但农业企业和合作社均对其需求比例较低。可能的原因是，受访农业企业及合作社几乎均聘有专业的牧场管理人员及专业技术人员，而家庭农场主要以家庭经营为主，在牧场管理方面缺乏指导。

表 4-6 不同类型养殖主体技术需求优先序

技术类型	农业企业 百分比（%）	排序	合作社 百分比（%）	排序	家庭农场 百分比（%）	排序
农业信息技术	55.36	1	55.56	1	50.00	3
良种繁育技术	53.57	2	52.38	2	66.67	1
改进设施装备	44.64	3	36.51	5	16.67	6
牧场管理技术	39.29	4	42.86	4	66.67	1
疫病防控技术	28.57	5	44.44	3	33.33	4
粪污处理技术	28.57	5	26.98	6	33.33	4

三、技术采用情况

本书通过技术采用率及完全采用率来反映决策主体的技术采用情况，前者表示至少采用一种改良技术的样本占样本总数的比重，后者表示完全采用三种改良技术的样本数占总样本数的比重。由调研结果可知，不同类型决策主体的技术采用情况存在显著差异，技术采用率与完全采用率总体呈现出新型经营主体高于传统农户、养殖主体高于种植主体、一级辐射区高于二级辐射区、农业企业领先于合作社及家庭农场的特征。具体地：

（1）新型经营主体的技术采用率及完全采用率均显著高于传统农户（见图 4-3）。在 285 个新型经营主体样本中，至少采用一种改良技术的样本为 262 个，完全采用三种改良技术的样本共 101 个，即新型经营主体的技术采用率为 91.93%，完全采用率为 35.44%，而传统农户样本中，71.40%的样本至少采用了一种改良技术，仅 5.45%的样本实现了对技术对象的完全采用。可见，与传统农户相比，新型经营主体对改良技术有更高的采用积极性，培育与发展新型经营主体可有效提高创新技术的采纳程度，缓解一直以来存在的农业新技术采用不足的问题。

（2）养殖主体的技术采用率及完全采用率均高于种植主体（见图 4-4）。在 160 个养殖主体样本中，96.80%的样本至少采用了一种改良技术，且其中 45.45%的样本实现了完全采用，而种植主体的技术采用率则为 88.13%，完全采用率为 28.75%。可见，与设施蔬菜种植主体相比，奶牛养殖主体对改良技术的

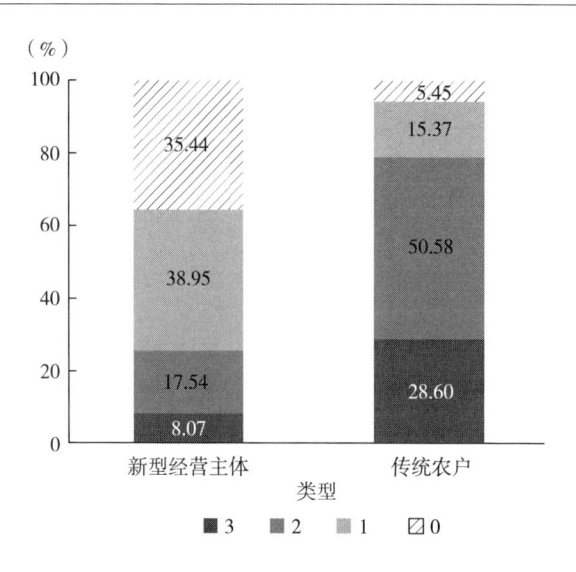

图 4-3 新型经营主体与传统农户的技术采用情况比较

采用热情更高，这可能与奶牛养殖主体标准化、规模化、集约化程度更高有一定的关系，奶牛养殖产业链长、初始投入高、运营成本大、品质要求严。因此，在生产过程中对技术的要求相对较高，往往需要依赖技术创新来实现人力、物力资本的高效管理以及对品质的严格把控。

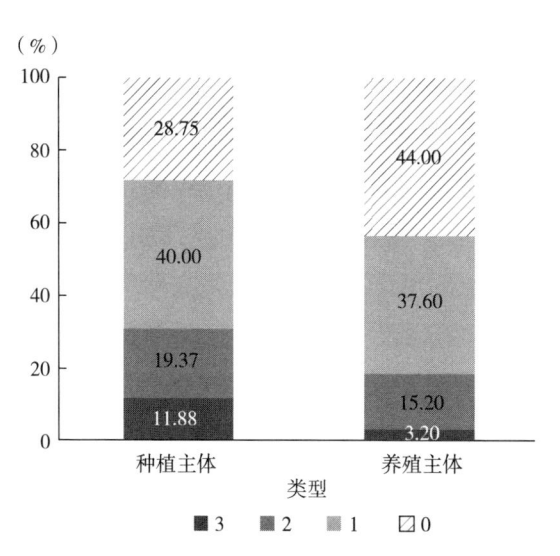

图 4-4 种植主体与养殖主体的技术采用情况比较

（3）一级辐射区的新型经营主体技术采用率和完全采用率均略高于二级辐射区（见图4-5）。在170个一级辐射区新型经营主体样本中，至少采用一种改良技术的样本为158个，完全采用三种技术的样本为65个，技术采用率和完全采用率分别为92.94%和38.24%，二级辐射区中，90.43%的样本至少采用了一种改良技术，31.30%的样本实现了技术对象的完全采用。其中，对于养殖主体而言，一级辐射区的技术采用率较二级辐射区高出2.40%，完全采用率高出近20%；对于种植主体而言，一级辐射区在技术采用率和完全采用率上没有突出优势，一、二级辐射区的技术采用率分别为88.37%和87.84%，完全采用率分别为26.74%和31.08%。可见，农业科技园区不同扩散空间内技术采用率存在显著差异，一级辐射区的技术采用率与完全采用率整体上大于二级辐射区，但与种植主体相比，养殖主体的这一特征更为突出。

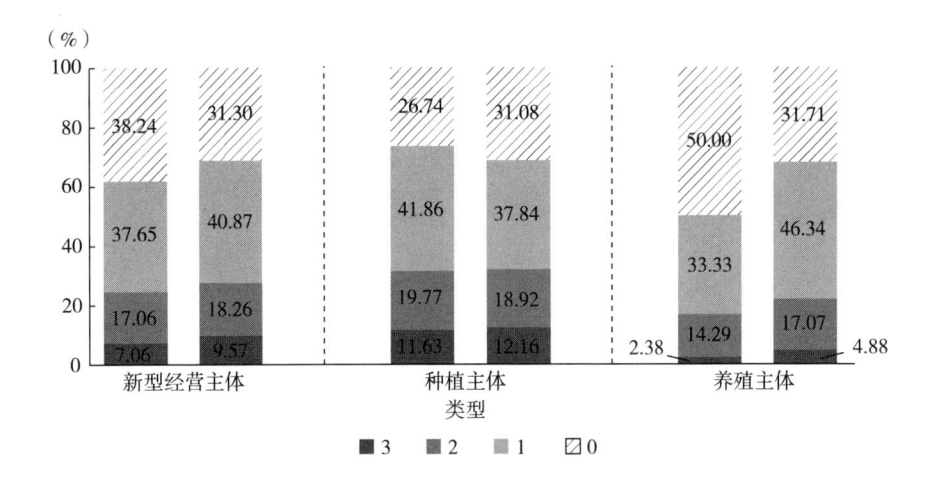

图4-5 不同辐射圈层的技术采用情况比较

注：每组图中，从左向右分别代表一级辐射区和二级辐射区。

（4）农业企业的技术采用率及完全采用率均显著高于合作社及家庭农场（见图4-6）。新型经营主体样本中，几乎所有的农业企业均采用了至少一种改良技术，且高达45.71%的农业企业实现了技术对象的完全采用，而合作社和家庭农场的技术采用率分别为90.55%和82.86%，完全采用率分别为32.78%和

28.57%。具体地，种植主体样本中，农业企业、合作社及家庭农场的技术采用率分别为 100%、88.03%和 82.76%，完全采用率分别为 21.43%、29.06%和 31.03%；养殖主体样本中，农业企业、合作社及家庭农场的技术采用率分别为 100%、95.24%和 83.33%，完全采用率分别为 51.79%、39.68%和 16.67%。可见，相比于合作社和家庭农场，农业企业对改良技术的采用热情更高，是创新技术的重要载体。农业企业作为营利性经济组织，经营管理具有较高的科学性和规范性，可以更好地实现现代农业的转型升级，更积极地采用先进技术，而家庭农场经营规模较小，抗风险能力较弱，在生产投入、技术采用等方面相对谨慎，技术采用率自然较低。

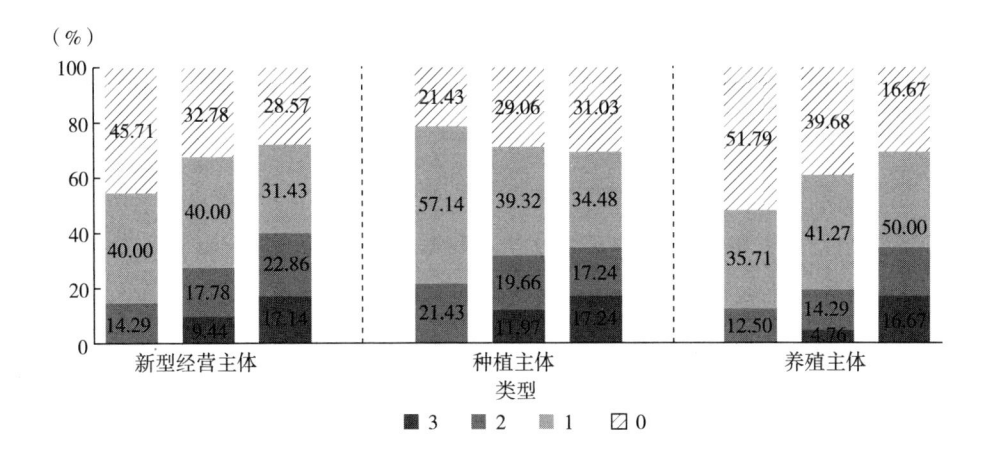

图 4-6 不同类型新型经营主体的技术采用情况比较

注：每组图中，从左向右分别为农业企业、合作社及家庭农场。

本章小结

本章在结合设施蔬菜重点县及奶业大县规划范围，从一级辐射区和二级辐射区共选择 7 个县作为典型区域展开调研，调研对象以农业企业、合作社及家庭农场为主，并以传统农户作为参照对象。在此基础上，首先，对样本的基本特征进行了描述性统计分析；其次，对不同类型决策主体的技术需求强度和技术需求优先序进行了比较分析；最后，对不同类型决策主体的技术采用情况进行了剖析。

（1）调研样本对新技术的需求强度普遍较高但存在主体差异性，其中，新型经营主体较传统农户有着更高层次的技术需求，是农业新技术推广应用不可忽视的重要载体；奶牛养殖标准化的必然趋势为养殖主体提出了更高的技术要求，促使养殖主体产生比种植主体更高的新技术需求；农业企业较合作社和家庭农场有更高的新技术需求，更需要依靠技术资源进行产业化经营。

（2）新型经营主体和传统农户的技术需求优先序存在显著差异，园区技术推广工作应充分考虑技术需求的异质性。与传统农户青睐传统改良技术不同的是，新型经营主体更需要现代化农业装备与信息技术。具体来看，养殖主体对农业信息技术、良种繁育技术及牧场管理技术的需求比例较高，种植主体对改进设施装备、改良品种及病虫害防治技术的需求比例较高，传统农户对病虫害防治技术、土壤改良技术及栽培管理技术等的需求比例最高。

（3）不同类型新型经营主体在技术需求优先序上具有一定的共性与差异性，就种植技术而言，三类种植主体均对改进设施装备和改良品种有较高的技术需求，且对土壤改良技术的需求比例均较低，但农业企业对农业信息技术有强烈的需求，家庭农场却对其没有太大需求；就养殖技术而言，三类养殖主体均对农业信息技术和良种繁育技术有着较高的需求，且均对粪污处理技术需求比例较低。

（4）不同类型决策主体的技术采用情况存在显著差异，不同属性技术扩散的空间效应显著不同。技术采用率与完全采用率总体呈现出新型经营主体高于传统农户、养殖技术高于种植技术、一级辐射区高于二级辐射区、农业企业领先于合作社及家庭农场的特征。

第五章　新型经营主体技术需求及影响因素分析

需求意愿是推动实际采用行为发生的原动力（吴敬学等，2008）。当园区供给的技术符合决策主体需求，采用行为便可能发生（李同昇和罗雅丽，2016）。新型经营主体作为农业科技园区技术扩散的重要受体，研究新型经营主体的技术需求意愿及需求优先序，对于优化园区农技供给机制、加速创新成果应用意义重大。鉴于此，本章以吴忠国家农业科技园区辐射区为研究区，以新型经营主体为对象，以传统农户为参照，从"采用前"的视角出发，重点研究不同类型决策主体的农业技术需求优先序与需求强度，实证分析影响不同类型决策主体技术需求强度的深层因素，为农业科技园区建立科学完善的技术服务体系、有针对性地开展技术引进、示范及推广工作提供政策参考。

第一节　技术需求影响因素的分析模型

一、技术需求影响因素的研究假说

需求的产生通常由内在刺激与外在引导共同触发，鉴于此，本书参考国内外相关研究成果，结合自身调研实际，重点从决策主体特征（决策者特征及决策主体基本特征）及外部环境特征（园区推广环境、政策支撑环境及社会网络环境）两方面剖析影响新型经营主体技术需求强度的主要因素，并提出如下研究假说：

H1：新型经营主体的技术需求强度受决策者特征的显著影响。

诸多实证研究表明，决策者特征会在不同程度上影响决策者的技术需求（李波等，2010；朱萌等，2015；檀艺佳和张晖，2021；托路那依·买海买提和朱美玲，2017）。本书拟选取决策者性别、年龄、文化程度及风险态度共4个变量作为影响农业技术需求的决策者特征变量。一般而言，男性决策者可能因视野开阔而有更强烈的新技术需求（李波等，2010），女性则相反；越年轻的决策者通常对新事物接受度越高，反应能力越强，对新技术的需求更强烈（托路那依·买海买提和朱美玲，2017）；区域文化程度越高的决策者，知识储备越充足，更愿意改变传统农业生产方式（何可等，2013），因而可能有更高的技术需求；农业技术潜在的风险与不确定性会制约决策者的技术需求（吴敬学等，2008），不同决策者对风险往往持有不同的态度，风险态度越敏感、越保守的决策者对新技术的需求强度可能越低。因此，本书假设：决策者性别、文化程度、风险态度对新型经营主体技术需求强度的预期影响为正，年龄的预期影响为负。

H2：新型经营主体的技术需求强度受决策主体基本特征的显著影响。

决策主体基本特征也在一定程度上影响着决策者的技术需求，本书拟选取经营规模、订单农业、海拔高度及到县城距离等变量反映决策主体的基本特征。一般而言，经营规模越大的新型经营主体对农业生产经营越重视（朱萌等，2015），投入的资金与精力越多，对规模经济的预期也越高，因而技术需求可能越强烈；订单农业的参与可为新型经营主体提供技术、信息等方面的指导，檀艺佳和张晖（2021）指出，参与订单农业可促进新型经营主体对新品种的需求，两者呈显著的正相关关系；随着海拔高度的变化，与蔬菜生长及奶牛养殖相关的气温、降水等气候条件也会发生变化，决策主体的技术需求也会因此而产生变化，但海拔高度对于种、养殖技术的影响方向可能存在差异；到县城距离代表着农产品销售的便捷程度以及决策主体获取信息的难易程度（刘淑娟，2014），到县城距离越小，农资采购和信息获取越便捷，农业技术需求可能越强。因此，本书假设：经营规模和订单农业对新型经营主体技术需求强度的预期影响为正，到县城距离对新型经营主体的技术需求强度有负向影响，海拔高度对新型经营主体技术需求强度的影响方向尚不明确。

H3：新型经营主体的技术需求强度受园区推广环境的显著影响。

农业科技园区作为农业创新技术的重要扩散源，对决策主体的技术需求也存在一定影响（刘淑娟，2014），本书拟选取辐射圈层、园区认知、服务强度及服务质量反映园区推广环境特征。通常而言，位于一级辐射圈层的决策主体接受农业科技园区技术服务的比率更高（于正松，2013），因而，对新技术的了解程度会更高，进而可能会有更高的技术需求；了解科技园区是接受园区技术服务的前提，李楠楠等（2014）指出，对园区有正确认知的决策主体通常会更积极地与园区联系以及时获取技术信息，因而技术需求可能更强烈；服务强度是衡量决策主体接受科技园区技术服务次数的指标，刘淑娟（2014）认为，决策主体获得的农技服务次数越多，对新技术的需求度就越高，同样地，决策主体接受园区技术服务的强度越高，获得的技术指导越充分，掌握的新技术信息越全面，对新技术的需求度也会更高；服务质量可反映决策主体对园区推广服务的认可度，也可间接反映科技园区的作用（刘淑娟，2014），园区服务质量的提升可调动决策主体技术创新的积极性，进而产生更高的技术需求。因此，本书预期：辐射圈层、园区认知、服务强度及服务质量均对新型经营主体的技术需求强度有正向影响。

H4：新型经营主体的技术需求强度受政策支持环境的显著影响。

既有研究从不同层面证实了政策支持对技术需求的正向作用（李波等，2010；刘强等，2020；徐世艳和李仕宝，2009），本书拟选取信贷条件、政府补贴、补贴力度、培训强度及培训质量反映新型经营主体所处的政策支持环境。其中，信贷条件是衡量新型经营主体贷款获取难易程度的指标。刘淑娟（2014）发现，信贷条件对决策主体的新技术需求产生极显著的正效应。良好的信贷条件可为决策主体提供充分的金融保障，削弱其生产过程中的风险与不确定性，进而激发其更高技术需求；政府补贴是反映区域政策支持环境的重要指标，农业部门出台项目扶持、物资发放或资金直补等奖补措施，可在降低决策主体农业生产成本的同时提高其生产积极性、技术需求度；补贴力度可间接反映决策主体对政府补贴政策的满意度，朱萌等（2015）研究表明，种粮大户对粮食补贴的满意程度对其技术需求有显著的积极影响；诸多研究表明，技术培训显著影响着决策主体的技术需求（刘强等，2020；徐世艳和李仕宝，2009），元成斌和吴秀敏（2010）

指出，决策主体的技术需求意愿会随着技术培训强度的提高而提高；培训质量表示决策主体对技术培训的满意度，也可间接反映技术培训的效果，对培训满意度越高的决策主体，往往更渴求新知识、新技术。因此，本书假设：信贷条件、政府补贴、补贴力度、培训强度及培训质量对新型经营主体技术需求强度的预期影响方向均为正。

H5：新型经营主体的技术需求强度受社会网络环境的显著影响。

社会网络是信息共享的重要平台，是影响农业技术信息传递及农业技术需求的重要因素之一（汪红梅和余振华，2009），本书拟选取信息渠道、同质性网络、异质性网络、示范身份反映社会网络环境。信息渠道是反映社会网络规模的重要指标，信息渠道的拓宽可帮助决策主体获取和了解更多有价值的新技术信息（乔丹等，2017），进而促进其技术需求度的提升；社会网络性质会影响信息流动的质量与过程（Granovetter，2005），其中，同质性网络或强关系反映社会网络中个人间建立的情感关系网络（Thuo et al.，2014；王昭，2021），往往基于血缘、亲缘或地缘等关系形成，可通过网络内部的信任和互惠机制，潜移默化地影响着决策主体的技术需求，是农业技术传播最有效的途径之一；异质性网络或弱关系被描述为社会网络中个人与推广人员、农业组织或农资供应商之间建立的正式关系网络，在异质性信息与知识的传播方面具有明显优势（胡海华，2016）；示范主体通常具有更广泛的关系网络，对农业创新的接受能力更强，对自己的需求认知更深刻，进而技术需求强度更高（李容容等，2017）。因此，本书假设：信息渠道、同质性网络、异质性网络、示范主体身份对新型经营主体的技术需求强度有正向影响。

二、技术需求影响因素的模型构建

本书建立的新型经营主体技术需求强度影响因素分析模型如下：

$Y=F$（决策者特征，决策主体基本特征，园区推广环境，政策支持环境，社会网络环境）+随机扰动项 (5.1)

式中，Y 为被解释变量，表示新型经营主体的技术需求强度，依据技术需求的强弱程度划分为 5 个等级，1~5 代表着需求强度的提高。考虑到 Y 是有序分类变量，传统意义上的 OLS 回归无法实现对其的无偏有效估计，因此，本书选择适用于排序变量的有序 Logit 模型对式（5.1）进行建模，模型设定如下：

$$y^* = \alpha_0 + \alpha_1 x_1 + \alpha_2 x_2 + \alpha_3 x_3 + \cdots + \alpha_m x_n$$
$$= X'\alpha + \varepsilon_i \quad (i=1, 2, \cdots, n) \tag{5.2}$$

式中，y 为技术需求强度；y^* 为不可观测的潜变量；α 为待估参数；ε 为随机误差项。被解释变量 y 与潜变量 y^* 之间的对应关系如下：

$$y = \begin{cases} 1, & y^* \leq r_1 \\ 2, & r_1 < y^* \leq r_2 \\ 3, & r_2 < y^* \leq r_3 \\ 4, & r_3 < y^* \leq r_4 \\ 5, & r_4 \leq y^* \end{cases} \tag{5.3}$$

假设 $\varepsilon \sim N(0, 1)$，则：

$$P(y=1 \mid X) = P(y^* \leq r_1 \mid X) = P(X'\alpha + \varepsilon_i \leq r_1 \mid X)$$
$$= \Phi(r_1 - X'\alpha)$$
$$P(y=2 \mid X) = P(r_1 < y^* \leq r_2 \mid X) = P(y^* \leq r_2 \mid X) - P(y^* < r_1 \mid X)$$
$$= \Phi(r_2 - X'\alpha) - \Phi(r_1 - X'\alpha)$$
$$P(y=3 \mid X) = \Phi(r_3 - X'\alpha) - \Phi(r_2 - X'\alpha)$$
$$\cdots$$
$$P(y=5 \mid X) = 1 - \Phi(r_4 - X'\alpha) \tag{5.4}$$

式中，$r_1 < r_2 < r_3 < r_4$ 是待估参数，也是切点；X 为解释变量，包括决策者特征、决策主体基本特征、园区推广环境、政策支持环境及社会网络环境。

三、技术需求影响因素的变量选取

如前文所述，新型经营主体技术需求强度影响因素的解释变量共 5 个方面，分别是决策者特征、决策主体基本特征、园区推广环境、政策支持环境及社会网络环境。需要说明的是，因养殖主体每份样本均接受过政府补贴，故排除了"政府补贴"指标对其技术需求强度的影响。最终，种植主体技术需求强度影响因素模型涉及的解释变量共21个,养殖主体共20个,变量含义及预期方向如表5-1所示。

表5-1 技术需求强度影响因素分析变量含义与预期方向

变量名称	定义与赋值	预期方向
决策者特征		
性别	男=1;女=0	+
年龄	30岁以下=1;30~39岁=2;40~49岁=3;50~59岁=4;60岁及以上=5	−
文化程度	小学以下=1;小学=2;初中=3;高中(含中专)=4;大专及以上=5	+
风险态度	风险规避=1;风险中立=2;风险偏好=3	+
决策主体基本特征		
经营规模	养殖主体奶牛存栏量:500头以下=1;500~999头=2;1000~1999头=3;2000~4999头=4;5000头及以上=5 种植主体蔬菜种植面积:20亩以下=1;20~39亩=2;40~59亩=3;60~79亩=4;80亩及以上=5	+
订单农业	参与=1;未参与=0	+
海拔高度	实际海拔高度(m)	+/−
到县城距离	到县城的实际交通距离(km)	−
园区推广环境		
辐射圈层	一级辐射区=1;二级辐射区=0	+
园区认知	听说过=1;未听说过=0	+
服务强度	按实际服务次数(次) 养殖主体:不到一次=1;1~2次=2;3~4次=3;5~6次=4;6次以上=5 种植主体:不到一次=1;1次=2;2次=3;3次=4;3次以上=5	+
服务质量	不满意=1;一般=2;满意=3	+
政策支持环境		
信贷条件	"信贷获取难度如何?"大=1;较大=2;一般=3;较小=4;小=5	+
政府补贴	"是否获得过政府补贴?"是=1;否=0	+
补贴力度	"政府补贴的力度如何?"小=1;较小=2;一般=3;较大=4;大=5	+
培训强度	"参加培训的频率如何?"几乎不=1;很少=2;一般=3;经常=4;频繁=5	+
培训质量	"培训是否对您有用?"用处很小=1;用处较小=2;用处一般=3;用处较大=4;非常有用=5	+
社会网络环境		
信息渠道	按实际信息获取渠道个数(个)	+

续表

变量名称	定义与赋值	预期方向
异质性网络	很少=1；偶尔=2；有时=3；经常=4；频繁=5	+
同质性网络	很少=1；偶尔=2；有时=3；经常=4；频繁=5	+
示范身份	被评为示范社、龙头企业或星级农场=1；反之=0	+

注："+"表示影响方向为正；"-"表示影响方向为负；"+/-"表示影响方向尚不明确。

为更准确地识别新型经营主体技术需求强度的影响因素，将传统农户技术需求强度影响因素作为参照，考虑到传统农户生产经营实际，在表5-1中解释变量的基础上，增加"种植经验"变量与"兼业程度"变量，并替换"示范身份"变量为"组织参与"变量，以衡量实际种植年限（年）、兼业化程度及组织参与对传统农户技术需求强度的影响。其中，种植经验通过农户实际种植年限（年）来表示，预期方向尚不明确；兼业户程度变量依据农户兼业程度的降低分别取值为"非农兼业户=1；农业兼业户=2；纯农业户=3"，预期方向为正；组织参与采用"是否加入合作社"来衡量。此外，因传统农户种植规模普遍较小，将"经营规模"选项设置为"2亩以下=1；2~4亩=2；4~6亩=3；6~8亩=4；8亩及以上=5"，预期方向为正。

第二节 技术需求影响因素的回归结果

一、多重共线性诊断

为确保模型估计结果的准确性，需对各个解释变量进行多重共线性检验，方差膨胀因子（VIF）及容忍度（Tolerance）用于检验解释变量是否存在多重共线性的重要指标。通常认为，VIF值大于10或容忍度小于0.1，则变量间存在严重的多重共线性问题。借助Stata16.0软件对各模型中解释变量的多重共线性进行诊断，结果如表 5-2 所示。

表 5-2　多重共线性诊断结果

种植主体模型			养殖主体模型			传统农户模型		
解释变量	多重共线性诊断		解释变量	多重共线性诊断		解释变量	多重共线性诊断	
	VIF	容忍度		VIF	容忍度		VIF	容忍度
服务强度	4.670	0.214	服务强度	3.798	0.263	服务强度	3.628	0.276
服务质量	3.719	0.269	服务质量	2.976	0.336	服务质量	3.487	0.287
信息渠道	3.267	0.306	培训强度	2.718	0.368	培训强度	1.992	0.502
培训强度	3.179	0.315	经营规模	2.161	0.463	文化程度	1.923	0.520
补贴力度	3.030	0.330	培训质量	2.029	0.493	培训质量	1.917	0.522
风险态度	2.939	0.340	到县城距离	2.019	0.495	年龄	1.901	0.526
信贷条件	2.471	0.405	订单农业	1.889	0.529	辐射圈层	1.764	0.567
异质性网络	2.377	0.421	同质性网络	1.789	0.559	园区感知	1.663	0.601
培训质量	2.227	0.449	辐射圈层	1.775	0.563	风险态度	1.587	0.630
园区感知	2.108	0.474	园区感知	1.774	0.564	兼业程度	1.530	0.654
政府补贴	2.001	0.500	信贷条件	1.720	0.581	补贴力度	1.476	0.678
经营规模	1.929	0.519	海拔高度	1.697	0.589	到县城距离	1.466	0.682
辐射圈层	1.873	0.534	信息渠道	1.644	0.608	信息渠道	1.437	0.696
示范身份	1.665	0.601	补贴力度	1.588	0.630	经营规模	1.425	0.702
文化程度	1.488	0.672	异质性网络	1.542	0.648	异质性网络	1.413	0.708
订单农业	1.480	0.676	年龄	1.490	0.671	海拔高度	1.352	0.740
到县城距离	1.434	0.697	示范身份	1.448	0.691	种植经验	1.349	0.741
性别	1.428	0.700	文化程度	1.444	0.692	信贷条件	1.297	0.771
海拔高度	1.386	0.722	风险态度	1.285	0.778	政府补贴	1.296	0.771
年龄	1.284	0.779	性别	1.169	0.855	同质性网络	1.241	0.806
同质性网络	1.275	0.784	—	—	—	性别	1.197	0.835
—	—	—	—	—	—	组织参与	1.192	0.839

结果表明，三个模型中各解释变量的容忍度均大于 0.1，且 VIF 值均小于 10，均不存在严重的多重共线性问题，满足运算要求。其中，种植主体模型解释变量的 VIF 平均值为 2.249，最大值为 4.670，最小值为 1.275；养殖主体模型解

释变量 VIF 平均值为 1.898，最大值为 3.798，最小值为 1.169；传统农户模型解释变量 VIF 平均值为 1.706，最大值为 3.628，最小值为 1.192。

二、模型回归结果

基于 Stata16.0 软件分别对三个模型进行估计，从表 5-3 和表 5-4 可知，种植主体技术需求强度模型的准 R^2 = 0.6480，LR chi^2 = 308.27，Prob>chi^2 = 0.000，养殖主体技术需求强度模型的准 R^2 = 0.5110，LR chi^2 = 156.82，Prob>chi^2 = 0.000，传统农户技术需求强度模型的准 R^2 = 0.2682，LR chi^2 = 471.98，Prob>chi^2 = 0.000，表明三个模型拟合状况良好且显著有效。本书采取更换解释模型的方法对回归结果进行稳健性检验，借助有序 Probit 模型进行进一步估计，结果表明，更换模型后，各解释变量的作用符号及显著性基本没有改变，回归结果是稳定可靠的。

表 5-3 新型经营主体技术需求强度模型估计结果

变量名	种植主体模型				养殖主体模型			
	有序 Logit		稳健性检验		有序 Logit		稳健性检验	
	系数	标准误	系数	标准误	系数	标准误	系数	标准误
决策者特征								
性别	2.0362*	1.0421	1.1787**	0.5747	—	—	—	—
年龄	—	—	—	—	—	—	—	—
文化程度	0.6605**	0.3055	0.3896**	0.1697	—	—	—	—
风险态度	1.4786***	0.4775	0.8145***	0.2559	1.0176**	0.5925	0.6340**	0.2455
决策主体基本特征								
经营规模	0.9494***	0.1935	0.5329***	0.1060	0.8146**	0.4344	0.3929**	0.1943
订单农业	1.8699***	0.5425	1.0616***	0.2939	—	—	—	—
海拔高度	—	—	—	—	−0.0142***	0.0046	−0.0077***	0.0026
到县城距离	—	—	—	—	—	—	—	—
园区推广环境								
辐射圈层	—	—	—	—	1.0627*	0.5942	0.5586*	0.3363
园区感知	—	—	—	—	1.3562**	0.6683	0.7400**	0.3760

续表

变量名	种植主体模型 有序Logit 系数	种植主体模型 有序Logit 标准误	种植主体模型 稳健性检验 系数	种植主体模型 稳健性检验 标准误	养殖主体模型 有序Logit 系数	养殖主体模型 有序Logit 标准误	养殖主体模型 稳健性检验 系数	养殖主体模型 稳健性检验 标准误
服务强度	0.8055*	0.4305	0.4641**	0.2354	—	—	—	—
服务质量	1.2452**	0.6135	0.6850**	0.3492	1.0191*	0.5247	0.4860*	0.2856
政策支持环境								
信贷条件	—	—	—	—	0.3323*	0.1908	0.1968*	0.1081
政府补贴	2.2443***	0.7914	1.3587***	0.4343	—	—	—	—
补贴力度	—	—	—	—	0.5569**	0.2356	0.3329**	0.1345
培训强度	—	—	—	—	0.5744*	0.3330	0.2949*	0.1736
培训质量	—	—	—	—	—	—	—	—
社会网络环境								
信息渠道	0.5915**	0.2781	0.3564**	0.1548	0.5107**	0.2248	0.2690**	0.1270
同质性网络	—	—	—	—	0.5322**	0.2432	0.3018**	0.1371
异质性网络	0.4765**	0.2367	0.2647**	0.1295	—	—	—	—
示范身份								
/cut1	14.4753	8.4522	7.5107	4.6256	−6.4624	5.3958	−3.1267	3.0545
/cut2	18.0190	8.4482	9.5123	4.6174	−2.8799	5.3716	−1.2376	3.0479
/cut3	21.5626	8.5720	11.4999	4.6688	−0.9926	5.3740	−0.1510	3.0577
/cut4	25.8956	8.7417	13.9437	4.7338	3.0536	5.3309	2.0999	3.0456
LR chi^2	308.27***		309.33***		156.82***		157.12***	
Pseudo R^2	0.6480		0.6503		0.5110		0.5120	
Log likelihood	−83.716537		−83.185438		−75.032362		−74.882649	

注：*、**、***分别表示在10%、5%、1%水平下显著。

表5-4 传统农户技术需求强度模型估计结果

变量名	有序Logit 系数	有序Logit 标准误	稳健性检验 系数	稳健性检验 标准误
决策者特征				
性别	—	—	—	—
年龄	−0.2665**	0.1242	−0.1462**	0.0707
文化程度	0.2381**	0.1179	0.1556**	0.0666

· 80 ·

续表

变量名	有序 Logit 系数	标准误	稳健性检验 系数	标准误
种植经验	-0.0462***	0.0170	-0.0272***	0.0101
风险态度	0.9139***	0.1496	0.5035***	0.0842
决策主体基本特征				
兼业程度	-0.3827***	0.1374	-0.2378***	0.0788
经营规模	0.3630***	0.0912	0.2152***	0.0520
海拔高度	—	—	—	—
到县城距离	0.0335***	0.0121	0.0181**	0.0071
园区推广环境				
辐射圈层	—	—	—	—
园区感知	—	—	—	—
服务强度	1.4259**	0.6195	0.8249**	0.3467
政策支持环境				
信贷条件	0.1975***	0.0703	0.1055***	0.0400
政府补贴	0.6656***	0.2476	0.3623**	0.1440
补贴力度	0.4415***	0.0742	0.2618***	0.0416
培训强度	0.2348**	0.0999	0.1548***	0.0575
培训质量	—	—	—	—
社会网络环境				
信息渠道	0.3425***	0.0948	0.1944***	0.0540
同质性网络	—	—	—	—
异质性网络	—	—	—	—
组织参与	0.5856**	0.2781	0.3050**	0.1539
/cut1	4.5366	2.5829	2.6535	1.4931
/cut2	5.9537	2.5843	3.4573	1.4942
/cut3	6.9481	2.5894	4.0316	1.4964
/cut4	9.3994	2.6041	5.4412	1.5024
LR chi^2	471.98***		469.43***	
Pseudo R^2	0.2682		0.2668	
Log likelihood	-643.86034		-645.13787	

注：*、**、***分别表示在10%、5%、1%水平下显著。

种植主体技术需求强度模型的 21 个变量中，性别、文化程度、风险态度、经营规模、订单农业、服务强度、服务质量、政府补贴、信息渠道及正式网络共10 个变量通过了显著性检验，均对种植主体的技术需求强度产生正向影响；养殖主体技术需求强度模型的 20 个变量中，风险态度、经营规模、海拔高度、辐射圈层、园区感知、服务质量、信贷条件、补贴力度、培训强度、信息渠道及同质性网络共 11 个变量通过了显著性检验，除海拔高度外，其余变量均对养殖主体的技术需求强度有积极影响；传统农户技术需求强度模型的 22 个变量中，年龄、文化程度、种植经验、风险态度、兼业程度、经营规模、到县城距离、服务强度、信贷条件、政府补贴、补贴力度、培训强度、信息渠道及组织参与共 14 个变量通过了显著性检验，其中，年龄、种植经验及兼业程度对传统农户的技术需求强度存在负向影响，其余变量对其有正向影响。

第三节　技术需求的影响因素

一、决策主体特征的影响

（1）决策者特征的影响。种植主体、养殖主体和传统农户的技术需求强度均受到风险态度变量的积极影响，并分别通过了 1%、1% 和 5% 的显著性检验，与预期一致，表明风险态度是决定技术需求强度的关键因素。与风险规避者相比，持风险偏好态度的决策者有更强烈的技术需求。除此之外，其他决策者特征变量对新型经营主体及传统农户技术需求强度的影响程度存在明显异质性，具体地：性别变量对种植主体的技术需求强度有显著的正向影响，表明男性决策者的技术需求较女性决策者更强烈，与假设相符，也与调研实际一致，种植主体中男性决策者对新技术表现更为迫切，男性和女性的平均技术需求强度分别为 3.71 和 3.38，但性别变量对养殖主体和传统农户技术需求强度的影响并不显著；文化程度变量显著正向影响着种植主体及传统农户的技术需求强度，且均通过了 5%

水平的统计性检验，表明文化程度是影响设施蔬菜种植主体技术需求强度的重要因素，决策者文化程度越高，技术革新的需求也越迫切，这与其知识面较为广泛、技术信息掌握充分有一定的关系。相反，文化程度变量负向作用于养殖主体的技术需求强度，但未通过显著性检验，调研发现，文化程度较低的决策者通常养殖年限较短，对新技术的风险把握不足，在生产经营过程中保有相对理性、谨慎的态度；年龄变量对新型经营主体的技术需求强度没有显著影响，但却在5%水平下与传统农户的技术需求强度显著负相关，与假设不符。可能的解释是：新型经营主体样本决策者的年龄差异较小，并不足以对其产生影响。此外，种植经验与传统农户的技术需求强度在1%水平下极显著负相关，表明经验越丰富的农户技术需求强度越低，可能的原因是富有经验的农户往往热衷于沿用以往的习惯进行生产经营。

（2）决策主体基本特征的影响。种植主体、养殖主体和传统农户的技术需求强度均受到经营规模变量的正向影响，并分别通过了1%、5%和1%的显著性检验，表明经营规模对各类主体的技术需求强度均产生明显的正向效应，经营规模越大，对新技术的需求强度越高，与前文预期一致，也与朱萌等（2015）的结论相符。通常而言，经营规模较大的新型经营主体在规模化、集约化的生产条件下，会对生产效率、农产品质量及经营效益产生更高的预期，因而会产生强烈的技术需求，传统农户通过经营规模的扩大可实现抗风险能力的增强以及技术负担能力的提高，因而会有更高的技术需求。其他决策主体基本特征变量对各类主体的技术需求强度存在不同影响，具体地：订单农业在1%水平下与种植主体的技术需求强度显著正相关，表明参与订单农业的种植主体有更高的技术需求，与预期相符，订单农业会通过契约签订的形式约束种植主体的农产品数量及质量，进而使其催生出更强烈的技术需求来满足契约要求。但该变量并未对养殖主体的技术需求强度产生显著影响，可能的原因是，养殖主体的技术需求强度普遍较高，参与、未参与订单农业样本的技术需求强度差异不大，还不足以对其产生显著影响。

海拔高度与养殖主体的技术需求强度在1%水平下显著负相关，表明与高海拔地区的养殖主体相比，低海拔地区的养殖主体有更强烈的技术需求，这与调研实际相符，因奶牛"出户入场""出户入园""引牛上山"等工程的持续开展，五里坡、孙家滩及白土岗等地逐步发展为规模牧场的聚集地，此类区域海拔较高、气候干爽、日照充足，适宜奶牛养殖，入驻的牧场标准化程度普遍较高，养殖技术也更为先进，因而没有太迫切的新技术需求。海拔高度对种植主体及传统农户的技术需求强度的影响不显著，原因可能是，样本县设施蔬菜大棚的海拔高度变化区间较小，并不足以影响决策主体的技术需求。

到县城距离并未对新型经营主体的技术需求强度产生显著影响，却在1%水平下显著正向影响着传统农户的技术需求强度，与预期不一致。可能的解释是，新型经营主体往往对地理位置的依赖度较低，技术需求强度不会随着地理位置的好坏而变化，而传统农户易受到地理位置的制约，距离县城越远的农户，生产经营限制越多，对新技术的渴求度便会越高。此外，兼业程度在1%水平下与传统农户的技术需求强度显著负相关，表明与兼业户相比，纯农业户的技术需求强度相对更低，与预期相反。这可能是因为兼业户农忙种地、农闲务工，需要一定的技术手段节约劳动力与时间成本，因此有更高的技术需求。

二、外部环境特征的影响

（一）园区推广环境的影响

园区推广环境对不同类型决策主体技术需求强度的作用存在显著差异，新型经营主体受到多个园区推广环境变量的影响，而传统农户仅受到园区服务强度的影响。具体地：辐射圈层在10%水平下与养殖主体的技术需求强度显著正相关，表明一级辐射区的养殖主体有更迫切的技术需求，但该变量对种植主体及传统农户的技术需求强度影响均不显著。可能的原因是，养殖主体更易受到园区邻近效应的影响，位于一级辐射区的牧场，接受园区技术辐射的机会更多，新技术信息掌握得更全面，进而技术需求也更强烈。

园区认知正向影响着养殖主体的技术需求强度，通过了10%水平的显著性检验，但却未对种植主体和传统农户的技术需求强度产生显著影响。可能的解释是，相对于设施蔬菜种植而言，园区在奶牛养殖方面的直接影响力更强，种植主体与传统农户对园区的认知度相对较低，而对于科技园区有更高认知的养殖主体,对养殖技术信息的渴求度则更高,技术需求更强烈。

服务强度在10%和5%水平下分别显著正向影响着种植主体与传统农户的技术需求强度,与预期相符,表明接受园区服务强度更高的种植主体和传统农户有更强烈的新技术需求,这可能是因为,园区主要通过基地示范和技术培训来开展设施蔬菜种植技术的推广服务,服务次数的增加可有效拓宽设施蔬菜种植者的知识面,并使其更直观地感受到新技术的应用效果,进而调动其技术革新的积极性。而且调研发现,接受过园区推广服务的农户多为新型职业农民或当地的农业技术带头人,此类群体信息渠道丰富,敢于尝试新技术,也比普通农户有更高的技术需求。

服务质量在5%和10%水平下显著正向影响着种植主体与养殖主体的技术需求强度,但未对传统农户产生显著影响,表明园区推广服务质量是影响新型经营主体技术需求强度的关键因素,对园区服务评价较高的新型经营主体,对园区的认可度更高,对相关技术的接受程度也更高,可以更好地领悟技术原理,进而有更高的技术需求。

(二)政策支持环境的影响

与传统农户相比,新型经营主体受政策支持环境影响的程度较弱,而且,种植主体受政策支持环境的影响程度弱于养殖主体,仅受到政府补贴的影响。具体地:信贷条件分别在10%和1%水平下显著正向影响养殖主体和传统农户的技术需求强度,但对种植主体技术需求强度的影响不显著,可能的原因是,奶牛养殖投入高、风险大,良好的信贷环境可以帮助牧场盘活生物性资产,解决流动资金问题,进而更好地刺激其产生更强烈的新技术需求。对于种植主体而言,大棚蔬菜种植的经营成本相对较低,信贷条件对其产生的约束较小,不足以影响其技术需求强度,而调研发现,传统农户普遍认为,设施蔬菜种植初始投入大,后期成本高,信贷条件的改善可有效缓解其生产经营压力,在一定程度上可以激发其更强烈的技术需求。

政府补贴正向作用于种植主体和传统农户的技术需求强度,且均通过了1%水平的显著性检验,表明政府补贴对农业技术需求存在显著的导向作用,获得过补贴的决策主体,技术需求更强烈,与假设一致。政府补贴可使决策主体获得额外的转移支付，间接地降低其生产成本，减小其生产风险，提高其技术支付能力，使其技术需求度得到提升；补贴力度分别在5%和1%水平下正向影响养殖主体和传统农户的技术需求强度，表明养殖主体与传统农户对政府补贴的满意度越高，技术需求强度越大，与假设相符，也与朱萌等（2015）的结论一致，其认为，补贴满意度的提升意味着决策主体对农业部门信任度的增强，对其宣传的农业技术会产生更大的需求。补贴力度变量对种植主体技术需求强度的影响并不显著，这可能与种植主体补贴力度数据分布相对均衡有关。

培训强度正向作用于养殖主体及传统农户的技术需求强度，并分别通过了10%和5%水平的显著性检验，表明培训次数的增加可显著促进养殖主体和传统农户技术需求强度的提高，但该变量并未对种植主体的技术需求强度产生显著作用。可能的原因是，与种植主体相比，传统农户的文化水平有限，对新事物的认知能力较差，技术培训对其科技素养提升及技术知识更新产生的激励作用更明显，对其技术需求强度的影响也更显著。值得注意的是，培训质量变量在三个模型中均不显著，这可能与技术培训效果均不理想有一定的关系。

（三）社会网络环境的影响

信息渠道是影响不同类型决策主体技术需求强度的关键社会网络变量，种植主体、养殖主体和传统农户的技术需求强度均受到该变量的正向影响，并分别通过了5%、5%和1%的显著性检验，与假设一致，表明信息渠道的拓宽可显著刺激技术需求强度的提升。对于新型经营主体而言，获取信息的渠道越多，信息获取越通畅，越容易获得有价值的技术信息，越容易产生强烈的技术需求。于传统农户而言，信息渠道的拓宽可培养其农业技术革新意识，提高其对创新技术的认知水平，减轻其对技术风险的顾虑，进而提高其对新技术的需求强度。此外，同质性网络对养殖主体技术需求强度有显著的促进作用，异质性网络显著影响种植主体的技术需求强度，而参与合作社是影响传统农户技术需求强度的重要社会网络变量。具体地：同质性网络与养殖主体技术需求强度在5%水平下显著正相关，表明与亲友、乡邻等同质性关系联系越紧密，养殖主体的技术需求强度越高，但该变量对种植主体及传统农户的技术需求强度并未产生显著影响。可能的原因是，设施蔬菜种植者的新技术信息主要通过异质性网络获得，同质性网络关系为设施蔬菜种植者提供的技术信息存在一定的局限性，不够新颖、权威，频繁的同质性网络联系并不足以激发设施蔬菜种植者强烈的技术需求；异质性网络在5%水平下与种植主体的技术需求强度显著相关，表明与推广人员、农业组织、科研院所或农资供应商等异质性关系联系更紧密的种植主体有更高的技术需求，异质性网络可破除种植主体的信息制约，降低其异质性技术信息搜寻成本，使其获得更权威、更广泛的信息，进而刺激其技术需求度的提升，该变量对养殖主体和传统农户技术需求强度的影响并不显著。可能的原因是，养殖主体的新技术信息主要通过异质性网络获得有关，而传统农户与异质性网络联系频率普遍较低。此外，组织参与在5%水平下与传统农户的技术需求强度呈显著正相关，表明加入合作社可有效推动传统农户技术需求的提升，也间接说明了合作社在组织带动传统农户方面发挥了一定的作用，其在向传统农户提供技术指导提升农户技术认知度的同时，还可帮助农户节约生产成本、扩充销售渠道，进而可提高农户的技术需求。

本章小结

本章从"采用前"视角出发，从决策主体特征和外部环境特征两方面对技术需求强度的主要影响因素进行剖析，主要结论如下：

（1）决策主体特征对技术需求强度的影响分析表明，风险态度与经营规模是影响新型经营主体和传统农户技术需求强度的关键决策主体特征。除此之外，种植主体的技术需求强度还受到性别、文化程度及订单农业的显著正向影响；养殖主体的技术需求强度受到海拔高度的显著负向影响；传统农户的技术需求强度受到文化程度和到县城距离的积极影响以及种植经验和兼业程度的负向影响。

（2）园区推广环境特征对技术需求强度的影响分析表明，区别于传统农户，新型经营主体的技术需求强度更易受到园区推广环境的影响，且园区服务质量是影响新型经营主体技术需求强度的关键因素。除此之外，种植主体和传统农户的技术需求强度还受到园区服务强度的显著正向影响；养殖主体的技术需求强度还受到辐射圈层和园区认知的积极影响。

（3）政策支持环境特征对技术需求强度的影响分析表明，与传统农户相比，新型经营主体的技术需求强度受政策支持环境的影响较弱，且与养殖主体相比，种植主体技术需求强度受政策支持环境的影响更弱。具体表现为：种植主体的技术需求强度仅受到政府补贴的显著正向影响；养殖主体的技术需求强度受到信贷条件、补贴力度及培训强度的显著正向影响；传统农户的技术需求强度受到信贷条件、政府补贴、补贴力度及培训强度的显著影响。

（4）社会网络环境特征对技术需求强度的影响分析表明，信息渠道是影响新型经营主体和传统农户技术需求强度的关键社会网络因素。除此之外，种植主体的技术需求强度还受到异质性网络的正向影响；养殖主体的技术需求强度受到同质性网络的正向影响；传统农户的技术需求强度受到组织参与的积极影响。

第六章　新型经营主体技术采用及影响因素分析

第五章对技术采用前的技术需求优先序、技术需求强度及其影响因素进行系统分析，发现新型经营主体较传统农户具有更高的技术需求，是农业科技园区技术扩散中至关重要的决策主体。农业技术的扩散效果通常最终取决于决策主体的技术采用情况（唐博文等，2010），因此，研究与掌握科技园区辐射区内新型经营主体的技术采用特征，剖析其内在影响因素，对于检验园区技术扩散效果，优化园区农技推广策略意义重大。鉴于此，本章从"采用中"视角出发，以传统农户为参照，比较不同辐射区内不同属性技术的作用强度以及不同类型决策主体的采用情况，揭示微观尺度下的园区技术扩散空间效应，剖析决策主体特征及外部环境特征对不同类型决策主体技术采用行为的影响，为科技园区创新推广模式、提高推广效率提供参考。

第一节　技术扩散的空间特征

一、技术采用的空间分异

受资源禀赋、经济水平以及政策环境等因素的制约，技术采用行为会在空间上呈现不均衡分布现象。不同样本县不同类型决策主体的具体技术采用情况有差别，不同类型决策主体对不同属性技术的采用情况具有显著的空间分异特征。就种植主体而言，利通区采用三种技术的样本居多，占总样本量的45.45%；青铜峡市、灵武市、永宁县及沙坡头区的种植主体中，采用两种技术的样本占比最高，分别占其样本总量的35.71%、52.00%、51.61%及20.00%；贺兰县以采用一种技术的样本居多，占样本总量的39.13%。值得注意的是，与其余五县（区）相比，灵武市缺少同时采用三种技术的样本，这可能与灵武市大棚蔬菜种植起步较晚有一定的关系。就养殖主体而言，位于一级辐射区的利通区、青铜峡市及灵武市均以采用三种技术的样本居多，分别占总样本量的50.00%、51.72%及45.45%，位于二级辐射区的贺兰县、兴庆区及沙坡头区均以采用两种技术的样本居多，分别占总样本量的50.00%、35.71%及52.94%，以采用三种技术的样本居多，占样本总数的50.00%。就传统农户而言，技术采用情况的空间差异相对较小，各样本县均以采用一种技术的样本为主，且完全采用的样本比例均不到10%。

本书通过采用广度及深度两个概念来分析不同类型决策主体技术采用的空间分异特征，其中，采用广度通过技术采用率度量，即样本县内至少采用一种技术的样本比重，采用深度通过平均采用数量衡量，即样本县内所有样本的平均采用个数。由表6-1可知，就种植主体而言，利通区与永宁县是技术采用的热点区，无论采用广度还是采用深度均处于相对领先地位；青铜峡市的采用广度较高，扩散面较大，但采用深度相对不足；灵武市的采用广度及采用深度均位列最后，是种植主体技术采用的冷点区，这可能与灵武市部分设施蔬菜基地起步较晚有一定的关系；就养殖技术而言，利通区与灵武市是养殖主体技术采用的热点区，在采用广度及采用深度上均占据一定优势，青铜峡市与贺兰县采用广度较低但采用深度位居前列，表明奶牛养殖技术在该区域扩散面较小，但已采用牧场的平均个数较多，沙坡头区的采用广度与采用深度均位居最后，是养殖主体技术采用的冷点区，这可能与沙坡头区远离奶牛养殖核心区且奶牛养殖起步晚有关；传统农户技术采用的空间分异特征与种植主体类似，均呈现出以利通区、永宁县为热点区，以灵武市为冷点区的特征。可见，不同技术在空间上的作用情况存在显著差异，种植技术采用的热点区是利通区和永宁县，冷点区是灵武市，养殖技术的热点区是灵武市与利通区，冷点区是沙坡头区。

表6-1 样本县的技术采用广度与采用深度

	种植主体		养殖主体		传统农户	
	采用广度	采用深度	采用广度	采用深度	采用广度	采用深度
利通区	0.94	2.24	1.00	2.32	0.83	1.21
青铜峡市	0.93	1.86	0.93	2.31	0.72	0.98
灵武市	0.76	1.28	1.00	2.27	0.58	0.65
永宁县	0.90	2.00	—	—	0.70	1.08
兴庆区	—	—	1.00	2.07	—	—
沙坡头区	0.80	1.90	0.94	1.94	0.74	1.03
贺兰县	0.91	1.70	0.90	2.20	0.72	0.91

二、技术扩散的空间效应

为进一步识别微观尺度下的农业科技园区技术扩散空间效应，考察园区不同属性农业技术在空间扩散过程中是否存在"邻近效应"或"等级效应"，本书采用相关性分析计算采用广度、采用深度与距离因子、规模因子的相关程度，若采用广度或采用深度与距离因子存在显著的负相关关系，说明存在"邻近效应"，若二者与规模因子有正相关关系，说明存在"等级效应"。其中，距离因子为样本县到农业科技园区的交通距离，规模因子为各样本县的技术扩散环境综合水平，在第三章计算得出。

由表6-2可知，样本县对种植技术的采用广度及采用深度均与距离因子呈负相关关系，相关系数分别为-0.172和-0.042，但相关性均未通过显著性检验，显著性分别为0.745和0.938。种植技术的采用广度及采用深度均与规模因子存在正向关联，相关系数分别为0.832和0.521，其中，采用广度与规模因子的相关性通过了5%水平的显著性检验。

表 6-2　新型经营主体种植技术采用的相关性分析

		距离	规模
采用广度	Pearson 相关性	-0.172	0.832*
	显著性（双侧）	0.745	0.040
采用深度	Pearson 相关性	-0.042	0.521
	显著性（双侧）	0.938	0.290

注：*表示在5%水平（双侧）上显著相关。

由表6-3可知，样本县对养殖技术的采用广度及采用深度均与距离因子呈负相关关系，相关系数分别为-0.472和-0.842，其中，采用深度与距离因子的相关性通过了5%水平的显著性检验。养殖技术的采用广度与规模因子呈负相关关系，相关系数为-0.149，未通过显著性检验，但采用深度与规模因子呈正相关关系，相关系数为0.588，显著性为0.220。

表 6-3　新型经营主体养殖技术采用的相关分析

		距离	规模
采用广度	Pearson 相关性	-0.472	-0.149
	显著性（双侧）	0.345	0.779
采用深度	Pearson 相关性	-0.842*	0.588
	显著性（双侧）	0.036	0.220

注：*表示在5%水平（双侧）上显著相关。

上述结果从微观层面证实了第三章的结论，即吴忠国家农业科技园区技术扩散呈现出扩展扩散和等级扩散相结合的空间特征，本节研究进一步指出，园区技术扩散过程中，不同属性技术扩散的空间效应存在明显的异质性，奶牛养殖技术存在明显的"邻近效应"。具体表现为：距离园区越远，扩散效果越差；设施蔬菜种植技术更易受到"等级效应"的影响，"邻近效应"不显著，技术扩散环境水平高的地区，更容易接受设施蔬菜种植技术的传递。为检验种植技术扩散的空间效应，对样本县传统农户的技术采用广度、采用深度与距离因子、规模因子的相关程度进行分析，由表6-4可知，传统农户种植技术采用的空间效应与种植主体相似。

表 6-4 传统农户采用种植技术的相关分析

		距离	规模
采用广度	Pearson 相关性	-0.055	0.727
	显著性（双侧）	0.918	0.101
采用深度	Pearson 相关性	0.002	0.651
	显著性（双侧）	0.998	0.161

第二节 技术采用影响因素的研究假说与模型构建

一、技术采用影响因素的研究假说

农业技术采用行为是多因素共同作用的结果，鉴于此，本书基于前文理论分析，借鉴既有研究成果，结合本书研究实际，将影响新型经营主体技术采用行为的主要因素分为两大类：决策主体特征及外部环境特征。其中，决策主体特征包括决策者特征、决策者认知及决策主体基本特征，外部环境特征包括园区推广环境、政策支持环境及社会网络环境，并提出如下研究假说：

H1：新型经营主体技术采用行为受决策者特征的显著影响。

决策者特征是影响技术采用行为的关键因素（Manda et al., 2016；李卫等, 2017），本书拟选取决策者性别、年龄及文化程度作为影响新型经营主体技术采用行为的决策者特征变量。Doss（2006）指出，性别差异是技术采用过程中不可忽视的重要因素，人们普遍认为，男性在生产经营中占据主导地位，而女性在信息、融资及技术的获取方面存在更多限制（Manda et al., 2016），技术采用程度可能低于男性决策者；关于年龄对技术采用的影响，Kassie 等（2013）认为，年龄的增长意味着物质资本与社会资本的不断积累，但也可能意味着生产精力、热情及规划视野的丧失；教育通常可提高决策者获取、接受及应用新技术的能力（Kassie et al.，2015），也可使决策者的思想意识更为开放（李卫等，2017），文化程度较高的决策者可能更倾向于采用多项新技术。因此，本书假设：决策者性别与文化程度对新型经营主体技术采用行为的预期影响为正，年龄的影响方向尚不明确，有待检验。

H2：新型经营主体技术采用行为受决策者感知的显著影响。

诸多研究证实了内在感知在技术采用过程中的作用（Bopp et al.，2019；Wainaina et al.，2016），本书拟选取风险态度、技术认知及感知有用共3个变量反映决策者的内在感知，分别表示决策者对技术风险、技术原理及技术效果的感知程度。农业生产过程中往往伴随着一定的风险及不确定性，风险规避者会因为对未知风险的恐惧而抵制采用，成为技术采用周期中的"落后者"，特别是当新技术采用需要较高投入成本时（Wainaina et al.，2016），相较于风险规避者，风险偏好者通常更乐于接受新鲜事物，愿意承担一定的风险，多是技术采用周期中的"早期采用者"（李卫等，2017）；决策者对新技术原理的认知是技术采用的重要前提（李卫等，2017），较高的技术认知程度意味着对技术的本质、原理更深刻的认识，可在很大程度上缓解决策者因信息不完整而产生的采用顾虑，进而激发其采用积极性；感知有用是决策者对技术采用潜在效果的主观评价，通常而言，决策者认为某项技术对自身农业生产经营有益时，其采用倾向会更强。因此，本书预期：风险态度、技术认知及感知有用均显著正向作用于新型经营主体的技术采用行为。

H3：新型经营主体技术采用行为受决策主体基本特征的显著影响。

决策主体基本特征是技术采用行为影响因素研究的重要考量因素，本书拟选取经营规模、订单农业、海拔高度及到县城距离作为衡量决策主体基本特征的主要变量，其中，经营规模是衡量农业物质资本的关键指标，通常被认为与技术采用行为密切相关（Abdulai and Huffman，2014），但具体的影响方向尚无定论。Wainaina等（2016）与Manda等（2016）研究发现，经营规模对技术采用行为有显著的积极影响。也有学者发现经营规模与技术采用呈负相关（Marenya et al.，2020）。订单农业作为新兴的农业生产经营模式，对决策主体的农产品质量和生产活动有着严格的要求，可间接地提高决策主体对改良技术的采用（谢文宝等，

2018)。如前文所述，海拔高度在一定程度上反映了气温、日照时数、太阳辐射强度等农业发展的环境约束。陈玉萍等（2010）研究发现，海拔高度与改良陆稻技术的采用决策呈显著的正相关，而与采用程度呈显著的负相关。县城是区域的经济、政治及信息中心，到县城距离反映了地块的区位状况，直接影响着决策主体与交易市场的对接及与推广部门的联系（李楠楠等，2014），间接影响着决策主体对新技术、信息和信贷的获取。因此，本书假设：订单农业对新型经营主体技术采用行为的预期影响方向为正，到县城距离的预期影响为负，经营规模与海拔高度的影响方向尚不明确。

H4：新型经营主体技术采用行为受园区推广环境的显著影响。

诸多学者强调了农业科技园区在技术采用过程中的重要性（于正松，2013；李楠楠等，2014；莫君慧和于正松，2020），本书拟选取辐射圈层、园区认知、服务强度及服务质量作为衡量园区推广环境的主要指标。通常而言，受邻近效应的影响，位于一级辐射区的决策主体在接受科技园区技术宣传、示范及推广等方面享有更大的便利性，进而可能有更高的新技术认可度及采用倾向（莫君慧和于正松，2020）。关于园区认知对技术采用的影响，于正松（2013）指出，对园区的认知与了解是接受园区技术服务的重要前提。李楠楠等（2013）认为，越了解农业科技园区，越会密切地与园区进行联系，并从中获取技术信息和技术指导，进而越倾向于采用新技术；接受科技园区在集中培训、试验示范、知识宣传、田间指导等方面的技术服务，可促进决策主体对新技术的理解以及对采用效果的直观体会，接受园区服务次数较多的决策主体采用积极性也可能更高；此外，对园区技术服务质量的评价是决策主体对园区技术服务满意度及认可度的体现（刘淑娟，2014），提升服务质量可增强决策主体对农业科技园区的信赖及对新技术的采用倾向。因此，本书假设：辐射圈层、园区认知、服务强度及服务质量均对新型经营主体的技术采用行为有显著的正向影响。

H5：新型经营主体技术采用行为受政策支持环境的显著影响。

政策支持在农业技术采用过程中发挥着关键的激励效应，信贷支持、技术培训、物资补贴、项目扶持等政策支持措施均可引导决策主体对创新技术的有效采用，基于此，本书拟选取信贷条件、政府补贴、补贴力度、培训强度及培训质量作为衡量政策支持环境的主要变量。关于信贷条件对技术采用行为的影响，国内外诸多学者就此展开了有益的讨论,并强调:不受信贷约束的决策者更有可能采用改良技术(Marenya et al.,2020;Abdulai and Huffman,2014;唐博文等,2010);政府补贴通常被认为是促进创新技术采用的先决条件(Bopp et al.,2019,Kassie et al.,2013),其可缓解决策主体的资金约束,降低预期成本和潜在采用风险;补贴力度是对政府补贴满意度的间接反映,受决策主体性质、经营规模及地区差异的影响,不同类型决策主体获得的政府补贴差异较大,决策主体对农业补贴的满意度也不尽相同。鄢兰娅等(2017)指出,补贴力度与养殖户的粪污无害化处理行为呈显著的正相关。技术培训是促进决策主体采用创新的有效措施(Birhanu et al.,2017;Ehiakpor et al.,2021),培训强度往往在技术采用过程中发挥着正向效应。张益等(2019)研究表明,培训强度显著正向影响着小麦节水技术的采用。毛慧和曹光桥(2020)指出,培训次数越多,越容易掌握技术要点,越了解技术优势,进而越倾向于采用秸秆还田技术。培训质量是技术培训效果的间接反映,满明俊等(2010)研究表明,培训质量对苹果新种苗技术的采用有显著的促进作用。基于此,本书假设:信贷条件、政府补贴、补贴力度、培训强度及培训质量均对新型经营主体的技术采用行为有显著的正向影响。

H6:新型经营主体技术采用行为受社会网络环境的显著影响。

社会网络环境是技术采用过程中不可忽视的因素(Birhanu et al.,2017;Pham et al.,2021;Kassie et al.,2013),本书拟选取信息渠道、同质性网络、异质性网络及示范身份作为衡量社会网络环境的主要指标。信息渠道的拓宽可让决策主体掌握更充分、更全面的技术信息,帮助其在更大程度上消除信贷和资源障碍,进而做出有效决策(Kassie et al.,2013;Manda et al.,2016),信息获取渠道越多,技术采用倾向越强。如前文所述,同质性网络被定义为个体与其同伴之间的互动,可为决策者提供更具成本效益及可行性的信息(Li et al.,2017),异质性网络被定义为个体与外部群体之间的联系(Thuo et al.,2014;Granovetter,2005),可向决策者传递更新颖、非冗余的信息,因此,增强这两种联系中的任意一种都可为决策主体带来一定的技术信息,促进决策主体的技术采用行为。与普通新型经营主体相比,示范主体通常会优先承接创新技术的试验示范,且有更多的外出观摩及参与交流机会,社会互动更频繁,可在更大程度上降低信息搜寻成本,缓解信息不对称问题,进而更有可能采用新技术。因此,本书假设：信息渠道、同质性网络、异质性网络及示范身份对新型经营主体技术采用行为的影响方向均为正。

二、技术采用影响因素的模型构建

理论上，技术采用应被定义为一段时间内的动态决策过程（Fader et al.，1985），但受数据获取的限制，已有研究多致力于对技术采用行为的静态描述（Dimara and Skuras，2003），此类研究主要分为两类：绝大多数将采用看作采用或不采用的二元决策，少数将其视为同时或逐步发生的多阶段过程以更准确地估计采用的过程特征（Noltze et al.，2012；李卫等，2017）。基于此，本书将技术采用行为分为两个同时或相继发生的阶段，第一阶段为采用决策，即是否采用某一类技术，将未采用赋值为"0"，采用任意一种技术赋值为"1"，第二阶段为采用程度，即具体采用技术的个数。然而，如前文所述，园区技术扩散下的新型经营主体技术采用率普遍较高，种植主体未采用技术的样本量仅19份，养殖主体未采用技术的样本量仅4份，不满足第一阶段回归的样本量需求。因此，新型经营主体技术采用行为影响因素分析模型仅考虑采用的第二阶段，即被解释变量为采用程度，传统农户技术采用行为影响因素分析模型的构建包括两个阶段，即被解释变量分别为采用决策与采用程度。

（1）新型经营主体技术采用行为影响因素分析模型构建如下：

$Z=F$（决策者特征，决策者感知，决策主体基本特征，园区推广环境，政策支持环境，社会网络环境）+随机扰动项

式中，Z 为被解释变量，表示技术采用程度，即新型经营主体实际采用的技术个数，根据本书研究实际，取值范围为 0~3，有序 Probit 模型是最有效的估计方法之一，具体模型如下：

$$Y_j^* = X_j'\beta + \varepsilon_j \tag{6.1}$$

式中，Y_j^* 为第 j 个样本技术采用程度的不可观测潜变量；X_j 为解释变量的观测值；β 为待估参数；ε_j 为随机扰动项，$\varepsilon \mid X \sim Normal(0,1)$。被解释变量 Y_j 与潜变量 Y_j^* 之间的对应关系如下：

$$Y_j = \begin{cases} 0, & \text{if } Y_j^* \leq \alpha_1 \\ \cdots \\ J, & \text{if } Y_j^* > \alpha_j \end{cases} \quad (6.2)$$

式中，Y_j 为第 j 个样本的技术采用程度，取值为 0、1、2、3；α_j 表示区间分界点，J 为状态参数，Y_j 的概率如公式（6.3）所示，其中 φ 为标准正态累计分布函数。

$$P(Y_j = 0 \mid X_j') = \varphi(\alpha_1 - X_j'\beta)$$

$$\cdots$$

$$P(Y_j = J \mid X_j') = 1 - \varphi(\alpha_j - X_j'\beta) \quad (6.3)$$

（2）传统农户技术采用行为影响因素分析模型构建。本书将传统农户技术采用行为分解为两个同时或相继发生的决策阶段，即是否采用与采用多少，采用多少是在是否采用的基础上发生的，若只考虑采用技术的样本进行分析，就会舍弃未采样本的信息，从而可能造成选择性偏误问题。鉴于此，本书借助 Heckman 两阶段模型来解决选择偏差问题，并对传统农户技术采用的两阶段进行同时回归。首先制定一个遵循随机效用模型的二元 Probit 模型作为估计的基准来解释采用决策，其次利用改进的普通最小二乘模型（OLS）估计采用程度的决定因素，并将逆米尔斯比率（IMR）作为额外的自变量纳入方程以纠正选择偏差问题。此外，该模型假设的两个被解释变量不是由完全相同的一组解释变量解释的，其中至少一个变量只解释第一阶段的决策。鉴于此，本书选择"组织参与"作为标识变量，经检验，其只影响采用决策而不影响采用程度。回归的具体步骤如下：

第一阶段：假设存在如下潜在关系：

$$Y_i^* = X_i\alpha + \varepsilon_i \quad (6.4)$$

式中，Y_i^* 为不可观测的潜变量，用于测算传统农户决定采用的条件概率；X_i 指与采用决定相关的解释变量；α 表示待估系数；ε_i 为随机误差项；可观测变量 Y 表示为：

$$Y_i = \begin{cases} 1, & \text{if } Y_i^* > 0 \\ 0, & \text{if } Y_i^* \leq 0 \end{cases} \quad (6.5)$$

式中，Y 为二元变量，若传统农户采用任意一种技术，则取值为 1，否则为 0。

第二阶段：

$$Z_i = \beta M_i + \rho\sigma IMR + \kappa_i \tag{6.6}$$

式中，Z_i 代表采用程度，表示第 i 个农户实际采用的技术数量，仅在 Y_i 等于 1 时可观察到。M_i 代表影响采用程度的变量，β 代表待估参数，κ_i 为随机误差项。ρ 为 ε_i 和 κ_i 之间的相关性。σ 为 κ_i 的标准偏差。IMR 从第一阶段得到，可纠正第二阶段的选择偏差（Birhanu et al.，2017），具体公式如下：

$$IMR = \frac{\varphi(\alpha X_i)}{\phi(\alpha X_i)} \tag{6.7}$$

式中，φ 和 ϕ 分别为标准正态分布变量的正态密度函数和累计密度函数，如果 IMR 具有统计学显著性，则存在样本选择偏差问题，意味着选取 Heckman 两阶段模型进行模型估计是合适的。

三、技术采用影响因素的变量选取

本书选取的技术采用行为影响因素共六个方面，分别是决策者特征、决策者感知、决策主体基本特征、园区推广环境、政策支持环境及社会网络环境。其中，种植主体技术采用行为影响因素模型涉及的解释变量共 23 个；养殖主体模型的解释变量共 22 个，因几乎所有养殖主体均获得过政府补贴，因此该模型剔除了"政府补贴"变量；传统农户模型的解释变量共 24 个，在决策者特征中增加了"种植经验"变量，用"兼业情况"替代了不显著的"订单农业"变量，在社会网络环境中将"示范身份"替换为"组织参与"，意在考察加入合作社对传统农户技术采用的影响，具体变量如表 6-5 所示。

表 6-5 技术采用行为影响因素分析变量含义与预期方向

变量名称	定义与赋值	预期方向
决策者特征		
性别	男 = 1；女 = 0	+

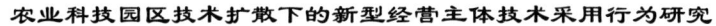

续表

变量名称	定义与赋值	预期方向
年龄	30岁以下=1；30~39岁=2；40~49岁=3；50~59岁=4；60岁及以上=5	-
文化程度	小学以下=1；小学=2；初中=3；高中（含中专）=4；大专及以上=5	+
种植经验	按实际种植年数（年），仅针对于传统农户	+
决策者感知		
风险态度	风险规避=1；风险中立=2；风险偏好=3	+
技术认知	对技术对象的了解程度，不了解~非常了解=1~5	+
感知有用	认为技术对象很有用，用处很小~非常有用=1~5	+
决策主体基本特征		
同质性网络	很少=1；偶尔=2；有时=3；经常=4；频繁=5	+
示范身份	被评为示范社、龙头企业或星级农场=1；反之=0	+
组织参与	参加=1；未参加=0（仅针对于传统农户）	+
经营规模	养殖主体奶牛存栏量：500头以下=1；500~999头=2；1000~1999头=3；2000~4999头=4；5000头及以上=5 种植主体蔬菜种植面积：20亩以下=1；20~39亩=2；40~59亩=3；60~79亩=4；80亩及以上=5 传统农户蔬菜种植面积：2亩以下=1；2~4亩=2；4~6亩=3；6~8亩=4；8亩及以上=5	+
订单农业	参与=1；未参与=0	+
海拔高度	实际海拔高度（m）	+/-
到县城距离	到县城的实际交通距离（km）	-
兼业情况	非农兼业户=1；农业兼业户=2；纯农业户=3（仅针对于传统农户）	+
园区推广环境		
辐射圈层	一级辐射区=1；二级辐射区=0	+
园区认知	听说过=1；未听说过=0	+
服务强度	按实际服务次数 养殖主体：不到1次=1；1~2次=2；3~4次=3；5~6次=4；6次以上=5 种植主体与传统农户：不到1次=1；1次=2；2次=3；3次=4；3次以上=5	+
服务质量	不满意=1；一般=2；满意=3	+
政策支持环境		
信贷条件	"信贷获取难度如何？" 大=1；较大=2；一般=3；较小=4；小=5	+
政府补贴	"是否获得过政府补贴？" 是=1；否=0	+
补贴力度	"政府补贴的力度如何？" 小=1；较小=2；一般=3；较大=4；大=5	+
培训强度	"参加培训的频率如何？" 几乎不=1；很少=2；一般=3；经常=4；频繁=5	+

续表

变量名称	定义与赋值	预期方向
培训质量	"培训是否对您有用？"用处很小=1；用处较小=2；用处一般=3；用处较大=4；非常有用=5	+
社会网络环境		
信息渠道	按实际信息获取渠道个数（个）	+
异质性网络	很少=1；偶尔=2；有时=3；经常=4；频繁=5	+

注："+"表示影响方向为正；"-"表示影响方向为负；"+/-"表示影响方向尚不明确。

第三节 技术采用影响因素的回归结果

一、多重共线性诊断

为确保模型估计结果的准确性，需对各个解释变量进行多重共线性检验，方差膨胀因子（VIF）及容忍度（Tolerance）是判断解释变量是否存在多重共线性的重要指标，通常认为，VIF值大于10或容忍度小于0.1，则变量间存在严重的多重共线性问题。借助Stata16.0对各模型解释变量的多重共线性进行诊断，结果如表6-6所示。

表6-6 多重共线性诊断结果

种植主体			养殖主体			传统农户		
自变量	多重共线性诊断		自变量	多重共线性诊断		自变量	多重共线性诊断	
	VIF	容忍度		VIF	容忍度		VIF	容忍度
服务强度	4.763	0.210	服务强度	4.022	0.249	服务质量	3.891	0.257
服务质量	3.815	0.262	服务质量	3.201	0.312	lambda	3.700	0.270
信息渠道	3.485	0.287	经营规模	2.365	0.423	服务强度	3.650	0.274

续表

自变量	种植主体 多重共线性诊断 VIF	容忍度	自变量	养殖主体 多重共线性诊断 VIF	容忍度	自变量	传统农户 多重共线性诊断 VIF	容忍度
培训强度	3.186	0.314	培训强度	2.330	0.429	年龄	2.197	0.455
补贴力度	3.039	0.329	到县城距离	2.075	0.482	文化程度	2.131	0.469
风险态度	2.996	0.334	培训质量	2.024	0.494	信贷条件	1.952	0.512
信贷条件	2.484	0.403	订单农业	1.957	0.511	园区感知	1.933	0.517
培训质量	2.413	0.414	辐射圈层	1.878	0.533	培训强度	1.864	0.536
异质性网络	2.408	0.415	园区感知	1.796	0.557	辐射圈层	1.797	0.556
园区感知	2.199	0.455	信贷条件	1.786	0.560	培训质量	1.769	0.565
政府补贴	2.028	0.493	海拔高度	1.773	0.564	风险态度	1.691	0.592
经营规模	1.935	0.517	同质性网络	1.757	0.569	政府补贴	1.569	0.637
技术认知	1.928	0.519	技术认知	1.720	0.581	距县城距离	1.485	0.674
辐射圈层	1.908	0.524	信息渠道	1.715	0.583	兼业程度	1.465	0.683
示范身份	1.679	0.596	补贴力度	1.633	0.612	经营规模	1.453	0.688
感知有用	1.600	0.625	异质性网络	1.561	0.641	信息渠道	1.433	0.698
订单农业	1.510	0.662	年龄	1.558	0.642	补贴力度	1.42	0.704
文化程度	1.491	0.670	文化程度	1.523	0.656	种植经验	1.416	0.706
性别	1.438	0.696	示范身份	1.485	0.673	异质性网络	1.392	0.718
到县城距离	1.435	0.697	感知有用	1.340	0.747	技术认知	1.372	0.729
海拔高度	1.399	0.715	风险态度	1.330	0.752	同质性网络	1.358	0.737
年龄	1.327	0.754	性别	1.237	0.809	海拔高度	1.336	0.749
同质性网络	1.291	0.775	—	—	—	性别	1.265	0.791
—	—	—	—	—	—	感知有用	1.043	0.959

注:"+"表示影响方向为正;"-"表示影响方向为负;"+/-"表示影响方向尚不明确。

结果表明,三个模型中各解释变量的 VIF 值均小于 10,容忍度均大于 0.1,均不存在严重的多重共线性问题,满足运算要求。其中,种植主体模型解释变量 VIF 的最大值为 4.763,最小值为 1.291,平均值为 2.250;养殖主体模型解释变量 VIF 的平均值为 1.912,最大值为 4.022,最小值为 1.237;传统农户模型解释变量 VIF 的平均值为 1.858,最大值为 3.891,最小值为 1.043。

二、模型回归结果

利用 Stata16.0 软件对新型经营主体技术采用程度模型进行估计,结果如表 6-7 所示,其中,种植主体技术采用程度模型的准 $R^2=0.5886$,LR $chi^2=244.09$,Prob>$chi^2=0.000$,养殖主体技术采用程度模型的准 $R^2=0.4935$,LR $chi^2=138.87$,Prob>$chi^2=0.000$,表明两模型拟合效果良好,且均具有显著的有效性。为对回归结果进行稳健性检验,本书采用替换被解释变量的方法,将被解释变量采用程度替换为采用比率,即采用个数占总个数的比率,被解释变量取值由 0、1、2、3 变为 0、1/3、2/3、1,介于 0~1 间,属"受限因变量",因此可借助双边受限的 Tobit 模型对其进行回归,结果表明,Tobit 模型的估计结果与有序 Probit 模型结果差异较小,最终确定模型回归结果基本稳健。

表 6-7 新型经营主体技术采用程度模型估计结果

变量名	种植主体模型 有序 Probit 系数	种植主体模型 有序 Probit 标准误	种植主体模型 Tobit 系数	种植主体模型 Tobit 标准误	养殖主体模型 有序 Probit 系数	养殖主体模型 有序 Probit 标准误	养殖主体模型 Tobit 系数	养殖主体模型 Tobit 标准误
决策者特征								
性别	—	—	—	—	—	—	—	—
年龄	0.2779**	0.1396	0.0250*	0.0142	—	—	—	—
文化程度	—	—	—	—	—	—	—	—
决策者感知								
风险态度	0.5491**	0.2406	0.0599**	0.0260	—	—	—	—
技术认知	0.2448**	0.1199	0.0262**	0.0126	0.3692**	0.1698	0.0403**	0.0180
感知有用	—	—	—	—	—	—	—	—
决策主体特征								
经营规模	0.2222**	0.1011	0.0233**	0.0099	0.7033***	0.2023	0.0716***	0.0206
订单农业	-0.7563**	0.2938	-0.0741**	0.0295	0.9100*	0.4908	0.1322**	0.0544
海拔高度	—	—	—	—	-0.0042*	0.0024	-0.0004	0.0003
到县城距离	-0.0494**	0.0209	-0.0056**	0.0022	—	—	—	—

续表

变量名	种植主体模型 有序Probit 系数	种植主体模型 有序Probit 标准误	种植主体模型 Tobit 系数	种植主体模型 Tobit 标准误	养殖主体模型 有序Probit 系数	养殖主体模型 有序Probit 标准误	养殖主体模型 Tobit 系数	养殖主体模型 Tobit 标准误
园区推广环境								
辐射圈层	—	—	—	—	0.5928*	0.3568	0.0667*	0.0398
园区感知	—	—	—	—	1.1535***	0.4063	0.1515***	0.0442
服务强度	—	—	—	—	—	—	—	—
服务质量	0.7223**	0.3191	0.0493*	0.0291	0.5150**	0.2647	0.0529**	0.0278
政策支持环境								
信贷条件	0.2475*	0.1279	0.0295**	0.0138	0.2743**	0.1034	0.0347**	0.0117
政府补贴	0.7428*	0.4044	0.1135**	0.0441	—	—	—	—
补贴力度	—	—	—	—	0.3039**	0.1432	0.0334**	0.0156
培训强度	0.3421**	0.1477	0.0320**	0.0159	-0.3238**	0.1755	-0.0379**	0.0185
培训质量	—	—	—	—	—	—	—	—
社会网络环境								
信息渠道	0.3269**	0.1588	0.0318**	0.0157	—	—	—	—
同质性网络	0.2126**	0.0994	0.0284***	0.0103	0.2365*	0.1379	0.0287*	0.0154
异质性网络	—	—	—	—	—	—	—	—
示范身份	—	—	—	—	—	—	—	—
/cut1	5.1846	4.3747	—	—	-1.7029	2.9849	—	—
/cut2	7.1538	4.4041	—	—	0.6340	3.0191	—	—
/cut3	10.3943	4.4547	—	—	3.2272	3.0193	—	—
_cons	—	—	-0.2370	0.4451	—	—	0.2454	0.3250
LR chi²	244.09***		247.49***		138.87***		150.19***	
Pseudo R²	0.5886		2.6945		0.4935		5.0082	
Log likelihood	-85.300046		77.820096		-71.255388		60.10148	

注：*、**、***分别表示在10%、5%、1%水平下显著。

由表6-7可知，种植主体技术采用程度影响因素模型的回归结果中，年龄、文化程度、风险态度、技术认知、经营规模、订单农业、到县城距离、服务质量、信贷条件、政府补贴、培训强度、信息渠道及同质性网络13个变量通过了显著性检验，其中，订单农业和到县城距离对种植主体的技术采用程度有明显的负向作用，其他因素均对其有显著的正效应。养殖主体技术采用程度影响因素模型的回归结果中，技术认知、经营规模、订单农业、海拔高度、辐射圈层、园区感知、服务质量、信贷条件、补贴力度、培训强度及同质性网络 11 个变量通过了显著性检验，其中，海拔高度及培训强度对养殖主体的技术采用程度有显著的负效应，其他因素均对其有正向影响。

由传统农户技术采用行为影响因素分析模型的回归结果可知（见表 6-8），该模型通过了 1% 显著性水平的卡方统计，模型拟合较好。此外，逆米尔斯比率（lambda）通过了 1% 水平的显著性检验，表明样本中存在选择偏差，Heckman 两阶段模型适用于本书研究。结果表明，性别、年龄、文化程度、种植经验、风险态度、技术认知、园区感知、服务质量、信贷条件、政府补贴、同质性网络及组织参与 12 个变量通过了采用决策模型的显著性检验，其中，除性别和种植经验对传统农户的技术采用决策存在负效应外，其余变量均对传统农户的技术采用决策存在正效应；年龄、种植经验、风险态度、技术认知、感知有用、到县城距离、园区服务、信贷条件、政府补贴、补贴力度、培训强度、信息渠道及同质性网络 13 个变量通过了采用程度模型的显著性检验，其中，除到县城距离和种植经验外，其他变量均对传统农户的技术采用程度有显著的正向影响。

表 6-8　传统农户技术采用行为影响因素模型估计结果

变量名	Heckman 两阶段			
	采用决策		采用程度	
	系数	标准误	系数	标准误
决策者特征				
性别	-0.4338***	0.1593	-0.0147	0.0463
年龄	0.3973***	-0.1049	0.1371***	0.0327
文化程度	0.2354**	-0.1006	—	—
种植经验	-0.0268*	-0.0152	-0.0173***	-0.0046
决策者感知				
风险态度	0.4939***	-0.1344	0.2160***	-0.0353
技术认知	0.2922***	-0.0744	0.0712***	-0.0244
感知有用	—	—	0.0496***	-0.0167

续表

变量名	Heckman 两阶段			
	采用决策		采用程度	
	系数	标准误	系数	标准误
决策主体特征				
经营规模	—	—	—	—
兼业程度	—	—	—	—
海拔高度	—	—	—	—
到县城距离	—	—	-0.0092***	-0.0032
园区推广环境				
辐射圈层	—	—	—	—
园区感知	0.4237**	-0.1857	—	—
服务强度	—	—	0.2283***	-0.0718
服务质量	2.1286*	-1.1759	—	—
政策支持环境				
信贷条件	0.5065***	-0.0661	0.1685***	-0.0224
政府补贴	0.9580***	-0.2050	0.2085*	-0.1071
补贴力度	—	—	0.1037***	-0.0164
培训强度	—	—	0.0692***	-0.0231
培训质量	—	—	—	—
社会网络环境				
信息渠道	—	—	0.0805***	-0.0216
异质性网络	—	—	—	—
同质性网络	0.1737***	0.0657	0.1137***	-0.0219
组织参与	0.4630*	0.2465	—	—
lambda	—	—	0.5707***	-0.1111
_cons	-6.8378***	-2.4507	-2.4559***	-0.7079
Wald chi^2（23）	237.41			
Prob>chi^2	0.0000			

注：*、**、***分别表示在10%、5%、1%水平下显著。

第四节 技术采用的影响因素

一、决策主体特征的影响

（一）决策者特征的影响

传统农户的技术采用行为受到了多个决策者特征的显著影响，其中，性别在1%水平下与传统农户的技术采用决策显著负相关，表明女性菜农更倾向于采用改良技术，可能的解释是男性菜农农闲时外出打工者居多，对设施蔬菜种植的依赖性和重视程度较低，对改良技术也缺少关注，导致采用率不如女性菜农；文化程度在5%水平下与传统农户的技术采用决策显著正相关，与预期相符，说明教育水平的提高有助于促进传统农户的技术采用；年龄在1%水平下对传统农户的技术采用决策和采用程度均有显著的正向影响，表明年长的菜农更倾向于采用多项设施蔬菜种植技术；种植经验分别在10%和1%水平下显著负向作用于传统农户的采用决策及采用程度，表明缺乏经验的菜农对技术采用持积极态度，而经验丰富的菜农可能更依赖于自身经验，难以突破传统习惯去采用多项技术。

与传统农户相比，新型经营主体技术采用行为受决策者特征的约束较小。具体地，种植主体决策者年龄的系数在5%水平下具有统计学意义，符号为正，表明决策者年龄与种植主体的技术采用程度呈正相关关系，年长的决策者倾向于采用更多的设施蔬菜种植技术，这与李卫等（2017）的研究结论相反，可能的原因是，随着年龄的增长，决策者逐步积累了丰富的物质资本与社会资本，技术支付能力不断提高，对技术价值的认知也会不断深化，技术采用程度进而得以提升。其余决策者特征变量对种植主体的技术采用程度并未产生显著影响，且所有决策者特征变量均未对养殖主体的技术采用程度产生显著作用，可能的原因是，奶牛养殖场基本形成了成熟的管理模式，聘有专业的管理人员与技术人员，决策者的个人特征不会对关键决策的制定产生太大影响。

（二）决策者感知的影响

技术认知在1%水平下正向影响着传统农户的技术采用行为，表明提高传统农户对新技术的了解程度可有效促进其技术采用行为；传统农户模型中的风险态度变量在1%显著性水平下具有统计学意义，符号为正，表明风险追求型菜农不仅倾向于采用改良技术，还倾向于采用多项技术；感知有用变量未通过传统农户技术采用决策的显著性检验，但在1%水平下显著正向影响着传统农户的采用程度，表明感知有用对传统农户的技术采用决策没有影响，但菜农一旦采用了改良技术，感知有用就会对其深度采用产生正向的促进作用。调研发现，与新型经营主体相比，菜农对设施蔬菜种植技术效果的认知度相对较低，只有在接触后，才能深刻认识到此类技术的采用效益，进而加深对相关技术的采用。

与传统农户一致的是，决策者技术认知对种植主体和养殖主体的技术采用行为也产生了积极作用，且均通过了5%水平的显著性检验，与假设一致。可见技术认知是促进不同类型决策主体技术采用的共有因素，提高决策者对技术的认知程度可有效促进不同类型决策主体对种养殖技术的深度采用，这与李卫等（2017）的研究结论一致，其在对保护性耕作技术采用行为影响因素分析中发现，技术了解程度与保护性耕作的采用程度有显著的正相关关系。同时，决策者风险态度在5%水平下显著正向影响着种植主体的采用程度，与假设一致，说明风险追求型种植主体决策者更倾向于采用多项设施蔬菜种植技术，但这一变量并未对养殖主体的采用程度产生显著影响。可能的原因是，与设施蔬菜种植相比，奶牛养殖风险更大，牧场决策者普遍持相对保守的风险态度。调研样本中，持风险规避态度的养殖主体决策者占其总样本量的45.60%，持风险偏好态度的仅占总样本量的10.40%。然而，与传统农户不同的是，感知有用并未对种养殖主体的技术采用程度产生显著影响，可能的原因是新型经营主体对改良技术采用效果的认可度普遍较高，样本间差异较小。

（三）决策主体基本特征的影响

经营规模分别在5%和1%水平下显著正向作用于种植主体和养殖主体的技术

采用程度，表明新型经营主体规模越大，技术采用程度越高，与预期相符，且与彭斯和陈玉萍（2021）的研究结果一致，其研究表明，经营规模越大的决策主体集约化程度越高，为尽可能多地获取规模效益，便会采用更多技术。

有趣的是，订单农业在5%水平下与种植主体的技术采用程度呈负相关，却在10%水平下与养殖主体的技术采用程度呈正相关，可能的解释是零售企业或大型商超与种植主体签订订单后，主要对种植主体的蔬菜品种与质量进行约束，对其生产技术没有严格的要求，因此，种植主体考虑到技术投入成本，可能会减少对技术对象的集成采用。而奶牛场与大型乳企签订协议后，乳企会对牧场的设备设施、经营管理及防疫卫生进行全过程、全方位的监管，并严格把控乳品质量，为满足乳企对乳品的收购要求，奶牛场便会尽可能多地采用改良技术。

海拔高度在10%水平下对养殖主体的技术采用程度产生显著的负向影响，但并未对种植主体的技术采用程度有显著影响，这可能是因为，研究区内种植主体主要分布于平原地区，海拔高度差异较小，集中分布在1096～1230千米，对种植主体技术采用程度的影响不明显。

种植主体技术采用程度模型中，到县城距离的系数在5%显著性水平下具有统计学意义，符号为负，表明距离县城越近的种植主体技术采用程度越高，与假设一致。调研发现，宁夏地区设施蔬菜的销售模式主要以菜贩子上门收购、代办点收购及市场批发为主，靠近县城可拉近种植主体与批发市场的距离，并在一定程度上减少其交易成本。此外，靠近县城的种植主体有更多的机会联系农业推广机构，并获取更多的技术信息和技术指导，采用程度自然会更高。但该变量对养殖主体的技术采用程度没有显著影响，可能的解释是，应环保要求，奶牛场需建设于远离居民区和城区的位置，样本牧场普遍距离县城较远，仅3%的牧场位于县城10千米以内，因此到县城距离对养殖主体技术采用程度的作用相对有限。

与新型经营主体不同的是，传统农户技术采用行为受到其生产经营特征的影响较小，仅到县城距离在1%显著性水平下对传统农户的技术采用程度产生负向影响，表明到县城距离越远的菜农技术采用的数量越少，这与种植主体的回归结果一致，可见，与养殖技术相比，地理区位主要对种植技术的采用产生影响，这与两类产业的销售模式有一定关系，奶牛场的乳品销售多以统一配送为主，而设施蔬菜的销售仍然需要依赖菜贩子、蔬菜代办或赴批发市场交易，对地理位置的要求更高。

二、外部环境特征的影响

（一）园区推广环境的影响

园区感知在5%水平下正向影响着传统农户的技术采用决策，表明知晓园区的菜农更倾向于采用设施蔬菜种植技术，传统农户对园区的知晓度整体较低，仅为35.37%，吴忠国家农业科技园区的农户多位于一级辐射区，受到园区的辐射更多，因此更有可能采用改良技术；园区服务强度在1%水平下显著影响着传统农户的技术采用程度，符号为正，表明接受园区服务次数越多的菜农越乐于采用多项改良技术，调研中发现，接受过园区技术服务的菜农多为当地的技术带头人，区别于普通农户，此类农户的理论知识更为扎实，对改良技术的接受能力更强，通过赴园区观摩培训，可进一步增强其对改良技术的认知，进而促进其采用更多技术；服务质量在10%水平下对传统农户的技术采用决策产生显著的正效应，表明对园区技术服务越满意的农户越有可能采用改良技术。

与传统农户一致的是，园区服务质量在5%显著性水平下分别正向影响着种植主体和养殖主体的采用程度，表明对园区提供的技术服务越满意的新型经营主体越倾向于采用多项技术，与预期一致，也与传统农户技术采用模型的回归结果一致。可见园区服务质量是影响不同类型决策主体技术采用行为的共有因素，同时，园区在技术推广过程中起着正向的引导作用，对园区服务的认可直接影响着不同类型决策主体的采用行为，提高园区服务质量可有效促进技术采用。

辐射圈层在10%水平下正向影响着养殖主体的技术采用程度，但未对种植主体和传统农户的技术采用程度产生显著影响，这与前文研究结论一致。与种植技术相比，养殖技术在扩散过程中更容易受"邻近效应"的影响，因此一级辐射区的养殖主体对园区推广技术的采用程度更高。

园区感知在1%水平下正向影响着养殖主体的技术采用程度，表明知晓园区的养殖主体倾向于采用多项奶牛养殖技术，与假设一致，但园区感知与种植主体的技术采用程度没有明显关联,这可能是因为,奶牛养殖是园区的传统优势产业,在辐射区的影响力较大,而园区的设施蔬菜产业自2014年起步发展,以基地示范、集中授课等被动式扩散为主,且未形成较典型的中间组织,在起步较晚与宣传不足双重因素的作用下,使得种植主体对园区的认知度相对较低,园区认知度对种植主体技术采用的影响也相对较小。

与传统农户不同的是,园区服务强度对种养殖主体的技术采用程度没有显著影响,这可能与新型经营主体认为接受园区的服务次数普遍较少有关,也可能是新型经营主体对园区间接提供的服务不够了解。

(二)政策支持环境的影响

信贷条件在1%水平下对传统农户的技术采用决策和采用程度均有显著的正向作用,表明容易获得贷款的菜农倾向于采用且采用多项改良技术;政府补贴分别在1%和10%水平下显著影响传统农户的技术采用决策和采用程度,表明获得政府补贴可促使菜农采用且采用更多改良技术,调研中发现,吴忠市、中卫市等地方政府通过向设施蔬菜种植户发放资金或物资补贴来推广秸秆反应堆、有机肥等改良技术,85.45%的传统农户均获得过此类补贴,补贴可弥足传统农户技术支付能力的不足,同时激发传统农户采用技术的积极性;补贴力度在1%水平下对传统农户的技术采用程度有显著影响,符号为正,表明补贴力度越大,菜农越倾向于采用多项技术,调研发现,补贴力度越大的区域,菜农对地方政府的满意度越高,对推广技术的认可度与接受度也会越高,越倾向于采用多项改良技术;培训强度在1%水平下与传统农户的技术采用程度呈显著正相关关系,表明传统农户接受技术培训的频率越高,越可能采用多项技术。

与传统农户一致的是,新型经营主体的技术采用行为受到多个政策支持环境变量的影响,其中,信贷条件及培训强度是影响不同类型决策主体技术采用的共有因素。具体地:信贷条件变量分别在10%和5%水平下显著影响种植主体和养殖主体的技术采用程度,符号均为正,表明信贷约束会显著制约新型经营主体对改良技术的深度采用,与预期相符,也与Ali(2021)的研究结果一致,其研究发现,获得信贷是影响气候适应性技术采用数量的重要因素。此外,调研发现,养殖主体投入高、回报期长,通过活体抵押、股权质押及乳企担保等方式增加信贷供给，可满足牧场融资需求，提高资金使用效能，进一步激励奶牛场规模扩大、设备更新、技术升级。同样地，对于种植主体而言，信贷门槛的降低有助于减小其技术采用的风险，增加其深度采用的可能性。

政府补贴通过了10%水平的检验，表明获得过补贴的种植主体更乐于采用改良技术，与假设相符，也与黄腾等（2018）的研究结果一致，其指出政府资金支持对节水技术的采用强度有显著的促进作用。调研发现，地方政府通过直接补贴、项目扶持、保险支持等措施鼓励适度规模经营，扶持新型经营主体发展，引导其进行技术创新，任何形式的补贴都可在一定程度上降低种植主体的农业生产成本和技术采用成本，进而对其技术采用行为产生直接的诱导作用。

培训强度在5%水平下分别显著影响种植主体和养殖主体的技术采用程度，符号分别为正向和负向，表明种植主体技术培训参加的次数越多，越倾向于采用多项技术，而养殖主体参与培训越多，技术采用程度越低。可能的解释是，研究区内新型经营主体参加的技术培训多以农技推广部门面向新型经营主体组织的专业培训为主，种植主体对该类技术培训的认可度较高。技术培训参加得越多，越能缩短其信息搜寻及技术学习时间。同时，此类培训也可作为交流平台，促进经理人之间的信息互换及经验交流，进一步激发决策者的采用热情，促进更深层次的技术采用。而养殖主体通常以市场需求为主导，对技术培训多持抗拒态度，认为此类培训内容以牧场管理为主，基础性内容太多，落后于牧场自身的技术水平，因而技术培训参加次数越多，技术采用程度越低。

与传统农户不同的是，补贴力度对种植主体技术采用程度的影响效应相对有限，但其在5%水平下正向作用于养殖主体的技术采用程度，表明获得补贴力度越大的养殖主体，技术采用程度越高。调研发现，近年来宁夏地区大力支持规模牧场建设，几乎所有牧场均获得过政府补贴，认为补贴力度较大的牧场对相关部门的政策扶持满意度和信任度较高，对其大力推广的改良技术也会更乐于接受，此外，越大力度的政府补贴越能减轻牧场的技术采用负担，促使其采用更多的改良技术。

（三）社会网络环境的影响

回归结果显示，同质性网络对传统农户的技术采用行为有着显著的正向作用，在1%水平下通过了技术采用两阶段模型的显著性检验；信息渠道在1%水平下对传统农户的技术采用程度有显著的积极影响，但未对其采用决策产生显著影响，可能的原因是，未采用技术的菜农习惯于传统的生产方式，信息渠道的拓宽并不会改变其对改良技术的态度，影响其采用决策，而已采用技术的菜农初步认识到了改良技术的采用效益，对技术采用持有积极开放的态度，当信息渠道得到进一步拓宽，获得更多技术信息时，他们会选择采用更多的改良技术来改善生产；组织参与在10%水平下通过了传统农户模型的显著性检验，符号为正，可见加入合作社将提高传统农户的技术采用概率。调研发现，14.55%的传统农户加入了合作社，加入合作社可使传统农户获取技术培训、田间指导及外出观摩的机会，在减轻菜农技术信息搜寻成本的同时，还能提高其技术认知能力。此外，部分合作社为社员提供种子统一订购、蔬菜统一销售的服务，可规范菜农的农业生产行为，提高菜农的技术采用概率。

与传统农户一致的是，同质性网络对新型经营主体的技术采用行为有显著的影响，分别在5%和10%水平下正向作用于种植主体和养殖主体的技术采用程度，与预期一致，说明同质性网络交流会显著促进不同类型决策主体对于设施蔬菜种植技术和奶牛健康养殖技术的采用。胡海华（2016）指出，基于信任与规范约束的强关系，即同质性网络，可促成技术信息与知识在社会网络间的共享，进而催生出深度的采用行为。种植主体模型中，信息渠道通过了5%水平的显著性检验，与预期一致，说明多元化的信息获取渠道有助于促进设施蔬菜种植技术的深度采用，种植主体的信息获取渠道越多，越能避免因信息不完全而导致的成本增加，进而在更有效的信息环境下做出更科学的采用决策。然而，信息渠道并未对养殖主体的技术采用产生直接作用，可能的原因是吴忠地区盛行的早茶文化为牧场经理人提供了信息交换的机会，且奶牛养殖已趋于标准化，技术信息相对公开透明，信息渠道的多少并不会对其技术信息的获取及改良技术的采用产生太大影响。值得注意的是，异质性网络并未对三类主体的技术采用行为产生显著影响，可能的解释是，样本区的新型经营主体和传统农户主要通过同质性网络获取技术信息，对异质性网络的依赖较小，因此，在技术推广过程中应加强异质性网络的建设。

本章小结

本章从"采用中"视角出发，对不同属性技术的空间扩散特征进行了分析，并从决策主体特征和外部环境特征两方面对影响不同类型决策主体技术采用行为的主要因素进行剖析，主要结论如下：

（1）吴忠国家农业科技园区奶牛健康养殖技术在空间扩散过程中存在明显的"邻近效应"，距离扩散源越远，扩散效果越差，利通区和灵武市是养殖技术采用的热点区，沙坡头区是养殖技术采用的冷点区；设施蔬菜种植技术更易受到"等级效应"的影响，技术扩散环境水平高的地区，更易接受设施蔬菜种植技术的传递，利通区和永宁县是种植技术采用的热点区，灵武市是种植技术采用的冷点区。

（2）决策主体特征（决策者特征、决策者感知、决策主体基本特征）和外部环境特征（园区推广环境、政策支持环境、社会网络环境）共同作用于新型经营主体和传统农户的技术采用行为，但不同变量对于不同类型决策主体技术采用行为的影响方向和影响程度存在明显不同。

（3）决策主体特征对技术采用行为的影响分析表明：区别于传统农户，新型经营主体技术采用行为受决策者特征的约束较小，但受决策主体基本特征的影响更大；技术认知是影响新型经营主体和传统农户技术采用行为的共性决策者感知因素。

（4）园区推广环境对技术采用行为的影响分析表明：园区服务质量是影响不同类型决策主体技术采用行为的共有因素，园区服务质量的提升可促进各类主体的技术采用行为。除此之外，养殖主体的技术采用行为受到辐射圈层及园区感知的显著正向影响；传统农户的技术采用行为受到园区感知和园区服务强度的正向影响。

（5）政策支持环境对技术采用行为的影响分析表明：政策支持环境在不同类型决策主体的技术采用过程中均发挥着显著的激励作用，信贷条件和培训强度是其中最为关键的因素。除此之外，种植主体的技术采用程度受到政府补贴的正向影响；养殖主体的技术采用程度受到补贴力度的显著正向影响；传统农户的技术采用行为受到政府补贴与补贴力度的正向影响。

（6）社会网络环境对技术采用行为的影响分析表明：同质性网络是决定新型经营主体和传统农户技术采用行为的关键因素，同质性网络联系越频繁，技术采用程度越高。除此之外，种植主体的技术采用程度受到信息渠道的正向影响；传统农户的技术采用行为受到组织参与和信息渠道的正向影响。

第七章　新型经营主体技术采用的经济效应分析

带动农民增收、农业增效、农区发展是农业科技园区技术推广的基本目标，新型经营主体通过承接园区技术辐射实现技术革新的同时，也可产生间接的经济效应，改善农村社会福利。这一经济效应是促进采用发生和提升采用程度的根本驱动力（陈雪婷等，2020），决定着采用能否持续进行，技术能否在区域范围内进一步推广，对于优化农业技术及农区发展政策意义重大。鉴于此，本章从"采用后"视角出发，基于描述性统计检验技术采用能否达到增产增收的效果，借助多项内生转换回归模型重点考察多种技术集成采用能否有效提升不同类型决策主体技术采用的经济效应，以期为园区示范技术的筛选及技术研发的方向提供参考。

第一节　技术采用效应的统计分析

一、技术采用的经济效应

为考量技术采用的增产增收潜力，本书综合考虑调研实际与数据可获得性，将牧场的日均单产作为奶牛养殖技术采用经济效益的衡量指标，即泌乳牛的日均产奶量（千克），将大棚蔬菜的亩均收益作为设施蔬菜种植技术采用经济效益的衡量指标,即大棚蔬菜种植每亩地的年均纯利润(万元),进一步采用均值差异检验比较技术采用及未采用情况下不同类型决策主体的经济效益差异(见表7-1)。结果表明,与未采用技术相比,技术采用可显著提升各类主体的经济效益,但这一增收效应在不同类型决策主体中存在明显异质性。具体地,养殖主体采用样本的经济效益在1%水平下显著高于未采用样本,日均单产对数值高出0.1570,即采用技术时,养殖主体的日均单产增加了17.00%;种植主体采用样本的经济效益在10%水平下显著高于未采用样本,亩均收益对数值高出0.1370,即亩均收益提高了14.68%;传统农户采用样本的经济效益在1%水平下显著高于未采用样本,亩均收益对数值高出0.1551,即亩均收益提高了16.78%。可见,与种植主体相比,技术采用为养殖主体带来的红利更多,尽管技术采用可显著提升种植主体和传统农户的亩均收益,但这一增收效应在传统农户中表现更佳,可能的原因是,传统农户经营规模较小,较新型经营主体而言,技术采用可对其亩均收益产生更直接的增益作用。

表7-1 采用与未采用样本的经济效益统计

变量名	含义	采用样本 样本量	采用样本 均值	采用样本 标准差	未采用样本 样本量	未采用样本 均值	未采用样本 标准差	差异
传统农户经济效益	亩均收益对数值	432	9.6462	0.4603	173	9.4911	0.5351	0.1551***
种植主体经济效益	亩均收益对数值	141	9.5949	0.2991	19	9.4579	0.4790	0.1370*
养殖主体经济效益	日均单产对数值	121	3.4442	0.1075	4	3.2872	0.1522	0.1570***

注:*、**、***分别表示10%、5%、1%的水平下显著。

二、集成采用的经济效应

进一步地,通过直方图反映不同类型决策主体在不同采用程度下的经济效益(见图7-1)。结果表明,与采用一种技术相比,集成采用多种技术可有效提升各类主体的经济效益,具体地,养殖主体集成采用两种及三种技术分别可使其日均单产对数值增加0.0645及0.1224,即日均单产分别可提高6.66%和13.02%;

种植主体集成采用两种技术可使其亩均收益对数值增加 0.1915，即亩均收益提高 21.11%，集成采用三种技术的亩均收益对数值却较采用一种技术低出 0.0324，即亩均收益减少了 3.29%；传统农户集成采用两种及三种技术分别可使其亩均收益对数值增加 0.0504 和 0.3295，即亩均收益分别可提高 5.17% 和 39.13%。但值得注意的是，经济效应评估过程中，两组样本的基本特征通常存在着显著差异，受样本自选择问题的影响，简单的描述性统计分析容易产生一定的偏差，有对结果高估或低估的风险（蔡荣等，2018）。基于此，本书将进一步借助多项内生转换回归模型来纠正选择偏差问题，以获得更为准确的估计结果。

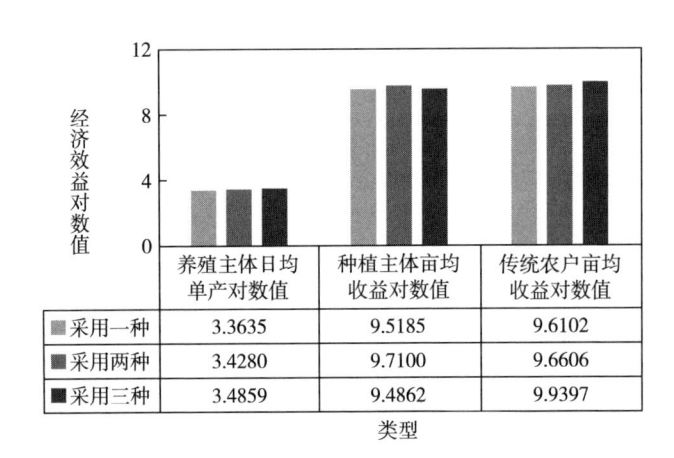

经济效益对数值	养殖主体日均单产对数值	种植主体亩均收益对数值	传统农户亩均收益对数值
采用一种	3.3635	9.5185	9.6102
采用两种	3.4280	9.7100	9.6606
采用三种	3.4859	9.4862	9.9397

图 7-1　各类主体在不同采用程度下的经济效益

第二节　集成采用效应的研究假说与模型构建

一、集成采用效应的研究假说

如前文所述，既有文献就技术采用的经济效应展开了广泛讨论，其中，绝大多数研究集中在使用二元处理变量进行单一技术采用的效应评估上,并证明了不同类型技术在提高收入、增加产量、提升效率、改善环境、减少贫困等方面的潜力。Kassie等(2011)研究发现,改良花生品种的采用可有效增加农户收入、减少贫困。Asfaw等(2012)实证考察了改良品种对农村家庭福利的潜在影响,发现技术采用对农村消费支出有显著的积极影响。罗小娟等(2013)通过分析太湖流域测土配方施肥技术采用的经济与环境效应发现,测土配方施肥技术可有效提高农户水稻单产,降低化肥施用量。黄炎忠等(2020)量化评估了绿色防控技术采用对长江流域水稻种植户的节本增收效应,发现其可使病虫害防治的成本节约1.52%~9.52%,并使农产品收入提升1.35%~2.84%。胡伦(2018)通过甘肃张掖市的微观调研数据发现,节水灌溉技术具有显著的减贫效应。然而,尽管已有研究证实了改良技术对农户生计的积极影响,但现实中,技术采用的效果往往会因技术属性、调查区域及决策主体的不同而不同,因此,需开展针对性的研究来评估不同地域、不同技术、不同主体的采用效应(Ehiakpo et al.,2021)。

考虑到决策主体在技术采用时,通常面临着一系列可能同时采用的改良技术,近年来,少数研究关注到了多个技术集成采用的影响效应,并发现,集成采用较单独采用在提高农民生计福利方面具有更大的潜力(Teklewold et al.,2013;Tambo and Mockshell,2018;Manda et al.,2016)。Khonje等(2018)探讨了多项改良技术在赞比亚东部的福利影响,发现集成采用多项技术可显著提高农户的玉米产量和生产收入。Midingoyi等(2019)指出,采用害虫综合管理实践可显著提高芒果产量、增加农户收入、减少杀虫剂使用,增加技术采用数量可产生更大的经济、环境和健康效益。Teklewold等(2019)分析了多种气候智能型农业技术组合采用对家庭营养的影响,发现与单独采用技术相比,集成采用可改善家庭营养。Tambo和Mockshell(2018)基于撒哈拉以南非洲地区玉米种植户的调研数据研究发现,集成采用多项保护性农业技术比单独采用某一组分产生更显著的收入效应。已有研究主要集中于对传统农户集成采用技术的效应评估,以新型经营主体为对象的实证分析尚存空白。基于此,本书旨在通过比较分析不同类型决策主体在不同技术采用程度下的经济效应,以检验采用个数的增加能否强化技术采用的经济效应,并提出假设:技术采用数量的增加可强化技术采用的经济效应。

二、集成采用效应的模型构建

技术采用行为通常是一种"自选择"的结果,通过简单的描述性统计分析而确定技术采用的经济效应,需解决决策主体"自选择"过程中的"选择偏差"问题,内生转换回归(ESR)、倾向得分匹配(PSM)等方法是解决该问题的有效方法,已被广泛应用于技术采用影响评估研究中(Becerril and Abdulai, 2010; Kassie et al., 2011),但此类方法局限于技术采用的二元选择,无法满足本书的研究需求。因此,继 Teklewold 等(2013)、Kassie 等(2015)、Khonje 等(2018)和 Martey 等(2020)后,本书利用多项内生转换回归(MESR)区分不同技术采用程度对决策主体经济效益的影响,与其他常用方法相比,该方法可提供更为可信的估计,一方面,MESR 可基于截断正态分布理论计算得到的逆米尔斯比(IMR)控制由可观测及不可观测因素产生的选择偏差和内生性(Khonje et al., 2018; Martey et al., 2020);另一方面,其可识别出多项选择对结果变量的异质性影响,适合本书涉及多种采用设置的情况。

MESR 模型分三个步骤进行,首先,应用多项 Logit 模型(MNLS)估计决策主体对不同技术采用程度的选择,并得到 IMR;其次,基于普通最小二乘法(OLS)解释每种采用程度的影响,将 IMR 作为额外的协变量来解决选择偏差(Khonje et al., 2018);最后,基于反事实框架评估平均治疗效果(ATT),以区分不同技术采用程度下的经济效益。

(一)第一阶段

假设决策主体按照随机效用框架采用技术,在这个框架内,只有在技术选择的预期效用最显著时,决策主体才会采用特定的技术组合(Kassie et al., 2015; Marenya et al., 2020)。此时,存在一个潜在模型 U_{ij}^*,表示理性决策者 i 面临 n 个备选方案时,通过比较它们的预期效用,选择技术组合 $j(j=1, \cdots, J)$:

$$U_{ij}^* = X_{ij}\beta_j + \varepsilon_{ij} \tag{7.1}$$

式中,X_{ij} 是可观察到的外生变量;β_j 是待估参数;ε_{ij} 是随机误差项。决策主体 i 做出的选择可表示为:

$$U = \begin{cases} 1 \text{ if } U_{i1}^* > \max_{n \neq 1}(U_{in}^*) \text{ or } \delta_{i1} < 0 \\ \quad \cdots \\ J \text{ if } U_{iJ}^* > \max_{n \neq J}(U_{in}^*) \text{ or } \delta_{iJ} < 0 \end{cases} \tag{7.2}$$

式中，δ_{ij} 指备选方案 n 和 j 之间预期效用的差异，式（7.2）意味着决策者是理性的，只有在 $\delta_{ij} = \max_{n \neq j}(U_{in}^* - U_{ij}^*) < 0$ 的情况下，决策者 i 才会选择组合 j。Bourguignon 等（2007）指出，理性决策者 i 采用技术组合 j 的概率可以通过多元 Logit 模型确定：

$$P_{ij} = Pr(\delta_{ij} < 0 \mid X_{ij}) = \frac{\exp(\beta_j X_{ij})}{\sum_{n \neq 1}^{J} \exp(\beta_n X_{ij})} \tag{7.3}$$

（二）第二阶段

考察集成采用或单独采用对决策主体经济效益的影响，对每个选项中决策主体经济效益（I_{ij}）与其对应的解释变量（Z）之间的关系进行了估计。在本书的框架中，将只采用一种技术作为参考组，表示为 $j=1$，采用两种和三种分别表示为 $j=2, 3$。每个选项 j 的结果方程如下：

Regime 1：$I_{i1} = \kappa_1 Z_{i1} + \eta_{i1}$ if $U = 1$

        $\cdots$

Regime J：$I_{iJ} = \kappa_J Z_{ij} + \eta_{iJ}$ if $U = J$ (7.4)

式中，I_{ij} 表示在选项 J 中决策主体 i 的亩均收益或日均单产，仅在采用选项 j 的情况下才可观察到；Z 表示解释变量；η 是随机误差项。值得注意的是，如果 ε 和 η 不是独立的，则 OLS 的估计是有偏的。因此，κ 的一致性估算需要在式（7.4）中增加备选项的选择校正项（Kassie et al., 2015）。基于此，MESR 的方程式可修正为：

Regime 1：$I_{i1} = \kappa_1 Z_{i1} + \omega_1 \overline{IMR}_{i1} + \upsilon_{i1}$ if $U = 1$

        $\cdots$

Regime J：$I_{iJ} = \kappa_J Z_{ij} + \omega_J \overline{IMR}_{ij} + \upsilon_{iJ}$ if $U = J$ (7.5)

式中，ω 表示 ε 和 η 之间的协方差；υ 是随机误差项，IMR 是根据式（7.3）计算得到的逆米尔斯比，计算公式如下：

$$\overline{IMR_J} = \sum_{n \neq j}^{J} \rho_J [\hat{P}_{in} \ln(\hat{P}_{in})/(1-\hat{P}_{in}) + \ln(\hat{P}_{ij})] \qquad (7.6)$$

式中，ρ 表示 ε 和 η 之间的相关系数。在多项选择设置中，存在 $J-1$ 个选择偏误纠正项需加入到每一选项组的结果方程中（Teklewold et al., 2013; Kassie et al., 2015）。为控制选择偏差纠正项产生的潜在异方差，本书在式（7.5）中采取自抽样的方式获得对应参数的标准误。

（三）第三阶段

基于 MESR 的参数估计，可在反事实框架下估算不同技术采用程度下的平均处理效应（ATT）。其中，事实情境下的预测结果变量计算如下：

$$\begin{cases} E(I_{i2} \mid I=2) = \kappa_2 Z_{i2} + \omega_2 \overline{IMR_{i2}} \\ \cdots \\ E(I_{iJ} \mid I=J) = \kappa_J Z_{iJ} + \omega_J \overline{IMR_{iJ}} \end{cases} \qquad (7.7)$$

反事实情境下的预测结果变量：

$$\begin{cases} E(I_{i1} \mid I=2) = \kappa_1 Z_{i1} + \omega_1 \overline{IMR_{i2}} \\ \cdots \\ E(I_{i1} \mid I=J) = \kappa_1 Z_{i1} + \omega_1 \overline{IMR_{iJ}} \end{cases} \qquad (7.8)$$

针对处理组的平均处理效应定义为式（7.7）和式（7.8）之差，公式如下：

$$ATT = E(I_{i2} \mid I=2) - E(I_{i1} \mid I=2) = Z_i(\kappa_2 - \kappa_1) + \overline{IMR_2}(\omega_2 - \omega_1) \qquad (7.9)$$

式（7.9）右侧第一项表示若一技术采用程度下的决策主体属性与选择另一技术采用程度下的决策主体属性具有同等回报时，结果变量的预期变化，右侧第二项为选择项，捕获了不可观测到的变量差异的所有潜在影响。若 ATT 为正，表明特定采用程度相对于反事实结果强化了经济效应，反之表示削弱了经济效应。

三、集成采用效应的变量选择

（1）结果变量。针对调研实际，对不同属性技术设置了不同的结果变量。其中，奶牛养殖技术采用效应评估的结果变量为日均单产对数值，种植技术采用效应评估的结果变量为亩均单产对数值。

(2) 处理变量。本节关注的处理变量为决策主体的技术采用程度，具体包括三个互斥选项，分别为采用一种技术、采用两种技术及采用三种技术。

(3) 控制变量。借鉴已有研究，结合调研实际，本书拟选取决策者性别、年龄、文化程度、风险态度、经营规模、订单农业、海拔高度及到县城距离等决策者特征及决策主体特征作为选择方程和结果方程的控制变量。在传统农户技术采用效应评估中，使用"兼业程度"作为"订单农业"的替代变量，各变量定义见第五章。

(4) 识别变量。为提高参数识别效率，Bourguignon 等（2007）建议，在式（7.5）中需至少包含一个识别变量，其既要满足相关性，也要满足外生性，即：既对处理变量有影响，又不影响结果变量。基于此，本书将"信贷条件"作为模型估计的识别变量，以往研究表明，信贷条件会显著影响决策者的技术采用行为，但不会直接影响决策主体的经济效益，仅可通过采用间接对其产生影响（Kassie et al.，2015）。

第三节 集成采用效应的估计结果

一、种植主体集成采用的经济效应

以采用一种技术为参照组，借助 Stata 软件中的"selmlog"命令来估计种植主体技术采用程度的多项 Logit 模型，估计结果（7-2）显示：种植主体技术采用程度多项 Logit 模型的 $R^2 = 0.4698$，LR $chi^2 = 140.05$，Prob>$chi^2 = 0.0000$，模型可很好地拟合数据。识别变量（信贷条件）对种植主体不同技术采用程度均存在显著的正向影响，显著性分别为 5% 和 1%，进一步为验证识别变量的适用性，将其与其余解释变量一起对结果方程的被解释变量进行回归，发现信贷条件对种植主体的亩均收益没有显著影响，表明信贷条件是有效的识别变量。

由表 7-2 可知，年龄、风险态度、经营规模与信贷条件对种植主体采用两种技术决策的影响分别通过了10%、1%、1%和5%水平下的显著性检验,符号均为正,表明年龄越大、风险态度越积极;经营规模越大、越容易获得信贷支持的种植主体更可能选择两种技术的集成采用。此外,年龄、风险态度、经营规模与信贷条件对种植主体集成采用三种技术的决策有显著的正向影响,分别通过了5%、1%、10%和1%水平下的显著性检验,订单农业则与集成采用三种技术在1%水平上显著负相关,表明年龄越大、风险态度越积极、经营规模越大、越容易获得信贷支持的种植主体集成采用三种技术的概率越大,未参与订单农业的种植主体更可能集成采用三种技术。

表7-2 影响种植主体不同采用程度的因素:多项Logit模型

解释变量	采用两种技术(情形2) 估计系数	Z值	采用三种技术(情形3) 估计系数	Z值
性别	-1.6549	1.20	-1.8432	-1.13
年龄	0.6081*	1.68	1.1007**	2.24
文化程度	0.1743	0.37	0.1094	0.20
风险态度	1.6446***	2.84	5.0126***	5.48
经营规模	0.8153***	2.87	0.6732*	1.93
订单农业	-0.9561	-1.31	-2.7143***	-2.71
海拔高度	0.0074	0.73	0.0199	1.47
到县城距离	-0.0277	-0.57	-0.1534	-2.12
信贷条件	0.6481**	2.23	1.6881***	3.90
_cons	-14.0874	-1.23	-39.1868	-2.52
Log likelihood=-79.011346			LR chi^2(18)=140.05	
Pseudo R^2=0.4698			Prob>chi^2=0.0000	

注:*、**、***分别表示在10%、5%、1%水平下显著。

本章重点关注集成采用的经济效应,因此不讨论第二阶段结果变量的影响因素,重点对第三阶段进行讨论。采用程度对种植主体亩均收益对数值的影响如表7-3所示,本书比较了种植主体在特定情形下的预期亩均收益对数值,以及在反事实情况下的预期亩均收益对数值,即比较了表7-3中实际结果和反事实结果,得到了平均处理效应(ATT)。结果表明,在控制了选择偏差后,采用两种技术的种植主体亩均收益对数值为9.7100，即亩均收益为16483元，相较于采用一种技术的反事实结果（亩均收益对数值为9.5553，亩均收益为14119元），亩均收益增加了16.73%，这一增收效应通过了1%水平的显著性检验；采用三种技术的种植主体亩均收益对数值为9.4862，即亩均收益为13177元，相较于采用一种技术的反事实结果（亩均收益对数值为9.3886，亩均收益为11951元），亩均收益增加了10.26%，这一增收效应通过了1%水平的显著性检验。可见，集成采用多种技术可显著增加种植主体的亩均收益，但集成采用两种技术使其获益最多，与假设不同。可能的原因是，与采用两种技术相比，集成采用三种技术使种植主体的生产成本大幅提升，从而导致技术采用的经济效应有所弱化。此外，模型估计结果进一步表明，描述性统计对种植主体集成采用效应的估计存在明显偏差，高估了采用两种技术的增收效应，且低估了采用三种技术的增收效应。

表7-3 种植主体不同采用程度对亩均收益的影响

采用程度	决策过程		处理效应	T值
	实际结果	反事实结果	ATT	
采用两种技术（情形2）	9.7100（0.0097）	9.5553（0.0265）	0.1547（0.0274）	5.6379***
采用三种技术（情形3）	9.4862（0.0183）	9.3886（0.0344）	0.0976（0.0308）	3.1736***

注：***分别表示在1%水平下显著。

二、养殖主体集成采用的经济效应

由表7-4可知，养殖主体技术采用程度多项Logit模型的$R^2=0.3505$，LR $chi^2=86.22$，$Prob>chi^2=0.000$，模型可很好地拟合数据。且识别变量（信贷条件）对养殖主体不同技术采用程度均存在显著的正向影响，显著性分别为10%及5%，为进一步验证识别变量的适用性，将其与其余解释变量一起对结果方程的被解释变量进行回归，发现信贷条件对养殖主体的日均单产没有显著影响，表明识别变量信贷条件是有效的。回归结果表明：经营规模、订单农业与信贷条件对养殖主体采用两种技术决策的影响均通过了10%水平的显著性检验，且符号均为正，表明经营规模越大、信贷获取越容易的养殖主体更可能采用两种技术，参与订单农业的养殖主体更倾向于集成采用两种技术。此外，经营规模与信贷条件对养殖主体集成采用三种技术的决策产生显著的积极影响，分别通过了1%和5%水平的显著性检验，表明经营规模越大、信贷获取越容易的养殖主体集成采用三种技术的概率越大。

表 7-4 影响养殖主体不同采用程度的因素：多项 Logit 模型

解释变量	采用两种技术（情形2）		采用三种技术（情形3）	
	估计系数	Z 值	估计系数	Z 值
性别	0.7202	0.63	1.7201	1.25
年龄	0.3930	0.91	0.0430	0.09
文化程度	-0.3053	-0.70	-0.1483	-0.30
风险态度	0.2496	0.41	0.3924	0.59
经营规模	0.9242*	1.95	2.2809***	3.86
订单农业	1.6131*	1.88	16.8873	0.02
海拔高度	-0.0008	-0.14	-0.0104	-1.53
到县城距离	0.0162	0.51	0.0172	0.45
信贷条件	0.4907*	1.95	0.8030**	2.73
_cons	-4.4830	-0.62	-14.1094	-0.01
Log likelihood=-79.874129			LR chi^2 (18) = 86.22	
Pseudo R^2=0.3505			Prob>chi^2=0.0000	

注：*、**、*** 分别表示在10%、5%、1%水平下显著。

不同采用程度对奶牛养殖主体日均单产对数值的影响如表 7-5 所示，本书比较了养殖主体在特定情形下的预期日均单产对数值，以及在反事实情况下的预期日均单产对数值，即比较了表 7-5 中实际结果和反事实结果，得到了平均处理效应（ATT）。结果表明，在控制了可观测因素及不可观测因素引起的选择偏差后，采用两种技术的养殖主体日均单产对数值为 3.4280，即日均单产为 30.82 千克，相较于采用一种技术的反事实结果（日均单产对数值为 3.3726，日均单产为 29.15 千克），日均单产增加了 5.73%，这一增产效应通过了 10%水平的显著性检验；采用三种技术的养殖主体日均单产对数值为 3.4859，即日均单产为 32.65

千克，相较于采用一种技术的反事实结果（日均单产对数值为 3.3883，日均单产为 29.62 千克），日均单产增加了 10.23%，这一增产效应通过了 1% 水平的显著性检验。可见，集成采用多种技术可显著增加养殖主体的日均单产，且随着采用数量的增加，这一增收效应更为突出，与预期相符。此外，模型估计结果进一步表明，描述性统计高估了养殖主体集成采用的经济效应。

表 7-5　养殖主体不同采用程度对日均单产的影响

采用程度	决策过程 实际结果	决策过程 反事实结果	处理效应 ATT	T 值
采用两种技术（情形 2）	3.4280（0.0105）	3.3726（0.0270）	0.0554（0.0281）	1.973*
采用三种技术（情形 3）	3.4859（0.0067）	3.3883（0.0192）	0.0976（0.0227）	4.3094***

注：*、*** 分别表示在 10%、1% 水平下显著。

三、传统农户集成采用的经济效应

如表 7-6 所示，传统农户技术采用程度多项 Logit 模型的 $R^2 = 0.2525$，LR $chi^2 = 168.26$，$Prob > chi^2 = 0.0000$，模型可很好地拟合数据。同时，识别变量（信贷条件）对传统农户技术采用程度的情形 2 和情形 3 均存在显著的正向影响，显著性均为 1%，为进一步验证识别变量的适用性，将其与其他变量一起对结果方程的被解释变量进行回归，发现信贷条件对传统农户的亩均收益没有显著影响，表明识别变量信贷条件在传统农户模型中也是有效的。回归结果表明：风险态度和信贷条件均对传统农户采用两种技术的决策有正向影响，且均通过了 1% 水平的显著性检验，表明信贷获取较容易的风险偏好型菜农更可能采用两种技术。此外，文化程度与到县城距离对传统农户采用两种技术的决策均有负向影响，分别通过了 10% 和 5% 水平的显著性检验，表明文化程度较低、距离县城较远的菜农更倾向于采用两种技术。对于采用三种技术的决策而言，风险态度、海拔高度及信贷条件分别通过了 1%、10% 及 1% 水平下的显著性检验，其中，海拔高度的符号为负，风险态度与信贷条件的符号为正，表明低海拔地区的风险偏好型菜农更倾向于采用三种技术，易获得贷款的菜农也更容易实现技术对象的完全采用。

表7-6 影响传统农户技术采用程度的因素：多项Logit模型

解释变量	采用两种技术（情形1）		采用三种技术（情形1）	
	估计系数	Z值	估计系数	Z值
性别	-0.1653	-0.55	0.5112	0.98
年龄	0.3123	1.64	0.3732	1.24
文化程度	-0.3110*	-1.76	-0.1916	-0.71
风险态度	1.2748***	6.14	2.5723***	5.96
经营规模	0.1306	1.00	0.0424	0.20
兼业程度	-0.0493	-0.24	0.5439	1.58
海拔高度	0.0019	0.59	-0.0106*	-1.65
到县城距离	-0.0471**	-2.34	-0.0619	-1.62
信贷条件	0.6340***	5.22	0.9034***	4.28
_cons	-7.9024**	-2.11	-0.8816	-0.12
Log likelihood=-249.09467			LR chi^2（18）=168.26	
Pseudo R^2=0.2525			Prob>chi^2=0.0000	

注：*、**、***分别表示在10%、5%、1%水平下显著。

采用程度对传统农户亩均收益对数值的影响如表7-7所示，本书比较了传统农户在特定情形下的预期亩均收益对数值，以及在反事实情况下的预期亩均收益对数值，即比较了表7-7中实际结果和反事实结果，得到了平均处理效应（ATT）。结果表明，在控制了选择偏差后，采用两种技术的传统农户亩均收益对数值为9.6606，即亩均收益为15687元，相较于采用一种技术的反事实结果（亩均收益对数值为9.6479，亩均收益为15489元），亩均收益增加了1.28%，但这一增收效应未通过显著性检验；采用三种技术的传统农户亩均收益对数值为9.9397，即亩均收益为20738元，相较于采用一种技术的反事实结果（亩均收益对数值为9.7499，亩均收益为17153元），亩均收益增加了20.90%，这一增收效应通过了1%水平的显著性检验。可见，对于传统农户而言，集成采用三种技术可使其亩均收益提高20%以上，但集成采用两种技术并未对其亩均收益的提高产生显著的促进作用。此外，模型估计结果进一步表明，描述性统计高估了传统农户集成采用的经济效应。

表7-7 传统农户采用程度对亩均单产的影响

采用程度	决策过程 实际结果	决策过程 反事实结果	处理效应 ATT	T值
采用两种技术（情形2）	9.6606 (0.0229)	9.6479 (0.0184)	0.0127 (0.0177)	0.7159
采用三种技术（情形3）	9.9397 (0.0318)	9.7499 (0.0328)	0.1898 (0.0350)	5.4247***

注：***表示在1%水平下显著。

本章小结

本章从"采用后"视角出发，基于均值差异检验法考察了技术采用对不同类型决策主体的增收潜力，进一步借助多项内生转换回归模型测算了不同技术采用程度的经济效应，检验采用数量的增加能否有效提升不同类型主体的经济效益。主要结论如下：

（1）均值差异检验结果表明：与未采用技术相比，技术采用可显著提升各类主体的经济效益，但这一增收效应在不同类型决策主体中存在明显异质性。具体地，技术采用可使养殖主体的日均单产增加17.00%，可使种植主体的亩均收益提高14.68%，可使传统农户的亩均收益提高16.78%。

（2）描述性统计分析表明：与采用一种技术相比，集成采用多种技术可有效提升各类主体的经济效益，其中，传统农户集成采用两种及三种技术分别可使其亩均收益提高5.17%和39.13%；养殖主体集成采用两种及三种技术分别可使其日均单产提高6.66%和13.02%；种植主体集成采用两种技术可使其亩均收益提高21.11%，但集成采用三种技术使其亩均收益减少了3.29%。

（3）种植主体集成采用的经济效应估计结果表明：年龄、风险态度、经营规模与信贷条件显著正向影响着种植主体采用两种技术及采用三种技术的决策；

订单农业显著负向作用于种植主体采用三种技术的决策；集成采用多种技术可显著增加种植主体的亩均收益，但集成采用两种技术使其获益最多；描述性统计分析对种植主体集成采用效应的估计存在明显偏差，高估了种植主体采用两种技术的增收效应，且低估了其采用三种技术的增收效应。

（4）养殖主体集成采用的经济效应估计结果表明：经营规模、订单农业与信贷条件显著正向影响着养殖主体采用两种技术的决策；经营规模与信贷条件对养殖主体采用三种技术的决策有显著的正效应；与采用一种技术相比，集成采用多种技术可显著增加养殖主体的日均单产，具体地，采用两种技术可使养殖主体的日均单产显著增加 5.73%，集成采用三种技术可使其日均单产显著增加10.23%；描述性统计分析高估了养殖主体集成采用的经济效应。

（5）传统农户集成采用的经济效应估计结果表明：风险态度和信贷条件显著正向影响着传统农户采用两种技术的决策，文化程度与到县城距离则对其采用两种技术的决策有负向影响；风险态度和信贷条件显著正向作用于传统农户采用三种技术的决策，海拔高度对其有负向影响；与采用一种技术相比，集成采用三种技术可使其亩均收益显著提高 20.90%，集成采用两种技术对其亩均收益提高有一定的促进作用，但未通过显著性检验；描述性统计分析高估了传统农户集成采用的经济效应。

第八章 基于新型经营主体技术采用的园区技术扩散系统模拟

前文基于截面数据对影响新型经营主体技术采用行为的外部环境因素进行了实证分析，但现实中园区技术扩散背景下的新型经营主体技术采用行为应当是一个动态的决策过程，在决策过程的不同阶段，影响采用行为的各项外部环境因素也应是动态变化的。基于此，本章将从系统视角出发，采用系统动力学方法，基于第五章实证分析结果，以园区推广、政策支持及社会网络为核心参数，构建基于新型经营主体技术采用行为的园区技术扩散系统动力学模型，模拟不同政策情景下新型经营主体技术采用行为的动态变化情况，揭示核心参数对新型经营主体技术采用影响的演化规律，以期为相关策略的制定提供依据。

第一节 理论分析与模型确定

农业技术扩散是由技术源、技术受体及扩散环境等核心要素组成的，涉及时间与空间两个维度的动态复杂系统（李普峰，2010），其本质是技术扩散环境中潜在采用者对新技术的动态采用过程。对于农业科技园区而言，辐射空间内技术受体（传统农户或新型经营主体）的技术采用行为是其技术扩散系统的微观基础，在该系统中，技术采用行为可被视作从潜在采用到决定采用再到完全采用的动态过程，这一过程受到诸多外部环境因素的影响，且各因素间存在一定的复杂耦合关系，并非孤立存在。此外，技术扩散过程中各因素是时刻动态变化的（马永红等，2016），若要再现农业科技园区技术扩散背景下的新型经营主体技术采用过程，则需考虑外部环境的动态变化特征。然而，因面板数据获取困难，诸多因素难以量化，既有研究在对农业科技园区技术扩散的研究中，尚存在一定的局限性：一方面，对技术扩散的动态过程缺少相对细致的考察；另一方面，对扩散过程中的复杂系统行为考虑不足。因此，需借助一种兼具数据包容性及动态性的工具来对园区技术扩散下新型经营主体技术采用的动态过程进行系统分析。

近年来，随着计算机仿真技术的发展，以系统动力学（System Dynamics，SD）为代表的仿真建模方法为此类问题的解决提供了新思路，其以反馈理论为基础，以仿真技术为手段（Sterman，2000），是当下解析复杂系统结构、模拟动态系统变化的有效工具，已被广泛应用于技术扩散领域。Liu和Xiao（2018）基于系统动力学模型模拟了不同激励政策下的电动汽车扩散情况。王展昭等（2015）采用系统动力学方法模拟了技术创新扩散系统的复杂动态演化过程。马永红等（2016）以网络结构与采用者偏好为核心参数构建了基于采用者动态决策过程的系统动力学模型。Mangla等（2021）借助系统动力学模型分析了区块链技术采用对牛奶供应链社会可持续性的潜在影响。在农业技术扩散方面，Derwisch等（2016）借助系统动力学模型评估了期望、学习及网络对马拉维改良玉米采用过程的影响。Reinker和Gralla（2018）基于系统动力学模型模拟了不同干预政策对乌干达改良品种采用的影响。王亚娜（2020）通过系统动力学模型揭示了合作社信息技术采用的演化规律。在此基础上，本书从系统视角出发，借助系统动力学建模方法，构建基于新型经营主体技术采用行为的园区技术扩散动态系统模型，仿真分析系统内部多因素间的复杂关系，探究园区推广、政策支持及社会网络对园区技术扩散效果的协同作用，并通过改变特定参数模拟不同政策情景下的扩散规律。

系统动力学模型具有很好的适用性。第一，其可建立系统动态行为及演变过程的仿真模型。农业科技园区技术扩散背景下的新型经营主体技术采用行为是一个长期的、动态变化的过程，随时间呈现出一定的规律，系统动力学通过仿真模拟可很好地展示系统的动态变化趋势。第二，其可厘清系统内部的复杂关系。农业科技园区技术扩散背景下的新型经营主体技术采用行为受到园区推广、政策支持、社会网络等外部环境因素的影响，这些因素在系统中具有随时间变化、不连续的特点，且不同因素间存在着潜在的作用关系，利用系统动力学仿真可直观地了解变量间的复杂关系。第三，其可处理数据不足或不精确的问题。尽管前文已就新型经营主体技术采用行为的影响因素展开了实证分析，但仍有一些变量难以精确获取，且受样本量约束，新型经营主体技术采用决策的影响因素暂无法确定。系统动力学的仿真结果主要取决于内部各要素间的因果关系，并不完全依赖于历史数据，也对系统参数并不敏感。因此，对于前文缺少或无法确定的数据，可进行适当估计，只要参数设定于合理范围内，系统仍将保持原有变化趋势。第四，其可有效模拟不同政策情景下的系统行为。系统动力学可通过调整个别或多个变量值来观察系统的整体变化趋势，在识别关键因素的同时，还可模拟不同政策情景下的决策行为，进而为园区技术推广策略的制定提供参考。

第二节 系统动力学模型构建

如图 8-1 所示，本书主要通过"系统分析—结构分析—规范模型—仿真实现"的步骤构建基于新型经营主体技术采用行为的园区技术扩散系统动力学模型。

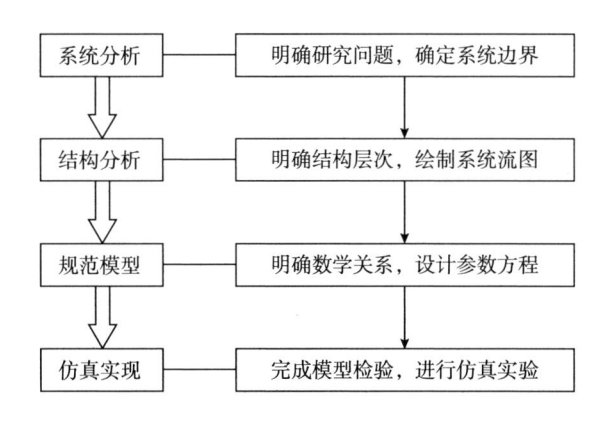

图 8-1 系统动力学建模步骤

一、系统边界

由于园区技术扩散下的新型经营主体技术采用行为处于一个复杂的环境，受到诸多外部因素的影响，为使研究具有针对性和明确性，需对系统边界进行约束，以将研究重点聚焦于系统发展的关键阶段及主要的可控因素上。本书的研究重点在于探讨园区技术扩散下新型经营主体技术采用行为的核心外部环境因素，在前文中已对主要因素进行了探究，本章仅考虑与上述核心因素紧密相关的因素及变量，即本书的系统边界确定为：新型经营主体受到园区推广、政策支持及社会网络等外部环境的影响，提高对农业科技园区示范推广技术的采用水平及完全采用水平。其中，空间边界为园区一级辐射区（利通、青铜峡、灵武）及园区二级辐射区（永宁、贺兰、沙坡头、兴庆）行政辖区；设定的仿真步长为 1 年，时长为 30 年，时间范围为 2020~2050 年。

根据研究实际，本书提出如下假设：

（1）整个技术扩散过程中，区域新型经营主体总数固定不变，即创新技术潜在采用者、决定采用者及完全采用者的总数保持不变，既不考虑新型经营主体的加入，也不考虑新型经营主体的退出。

（2）技术扩散过程在时间上是延续、渐进且不可逆的，暂不考虑环境政策的重大变革与非正常情况的发生，也不考虑已采用者的退出。

（3）创新技术的种类是特定的，不会新加入，也不会减少。

（4）园区技术扩散过程分为新型经营主体决定采用和完全采用两个阶段。

二、因果关系

因果关系图有助于明晰系统内部各变量之间的逻辑关系，是构建有效仿真模型的基础。本书依据对园区技术扩散下新型经营主体技术采用行为整体框架的分析，绘制因果关系如图 8-2 所示。在因果链上，符号"+"表示目标变量随源变量数值的增加而增加。园区技术扩散速率受到决策主体技术采用行为的影响，采用过程受到园区推广服务、政府支持力度及社会网络传播的共同影响，这三者均对农业科技园区技术扩散速率产生强烈的正反馈。同时，随着完全采用量的增加，也对各子系统产生正反馈作用，潜在采用者随着技术扩散速率的增加而减少。

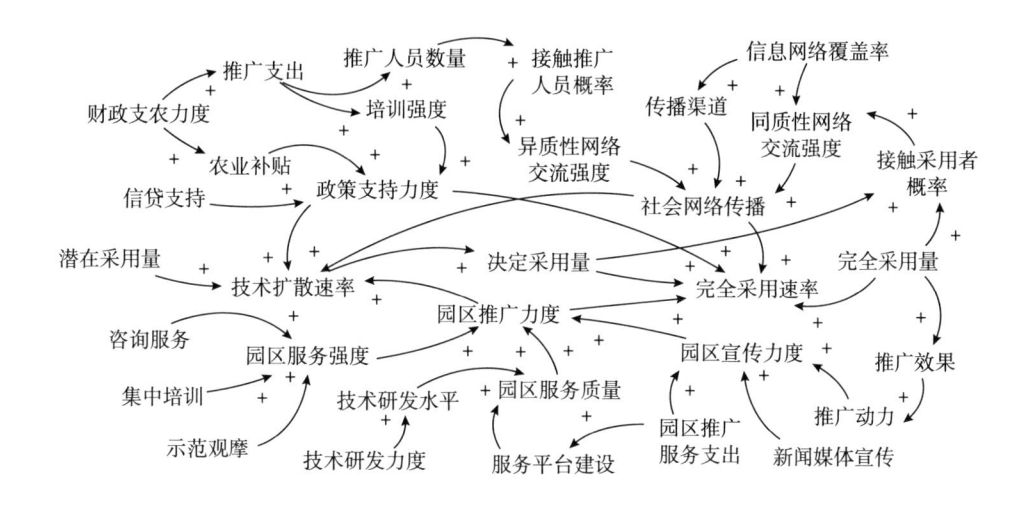

图 8-2 基于新型经营主体技术采用行为的园区技术扩散系统因果关系

三、流图绘制

为更清晰地反映系统内各变量的动态变化过程，本书在因果关系图的基础上，综合考虑不同变量的性质及变量间的作用过程，进一步绘制基于新型经营主体技术采用行为的园区技术扩散系统流图。如图 8-3 所示，该流图由状态变量、速率变量、辅助变量及常量组成。状态变量反映系统内部要素随时间变化不断积累的结果。本书的关键状态变量包括潜在采用量、决定采用量和完全采用量。其中，潜在采用量指辐射区内未采用技术的新型经营主体数量，决定采用量指辐射区内决定采用技术的新型经营主体数量，完全采用量指辐射区内完全采用技术的新型经营主体数量。速率变量反映状态变量在时间上的变化量，本书设定了 2 个速率变量，即技术扩散速率及完全采用速率。辅助变量是反映决策过程的中间变量，用以简化复杂系统的多层次关系，本书设定了 19 个辅助变量，其中，关键辅助变量有园区推广力度、政策支持力度、社会网络传播、农业补贴、信贷支持等。此外，本书根据系统的现实意义设定了多个常量。

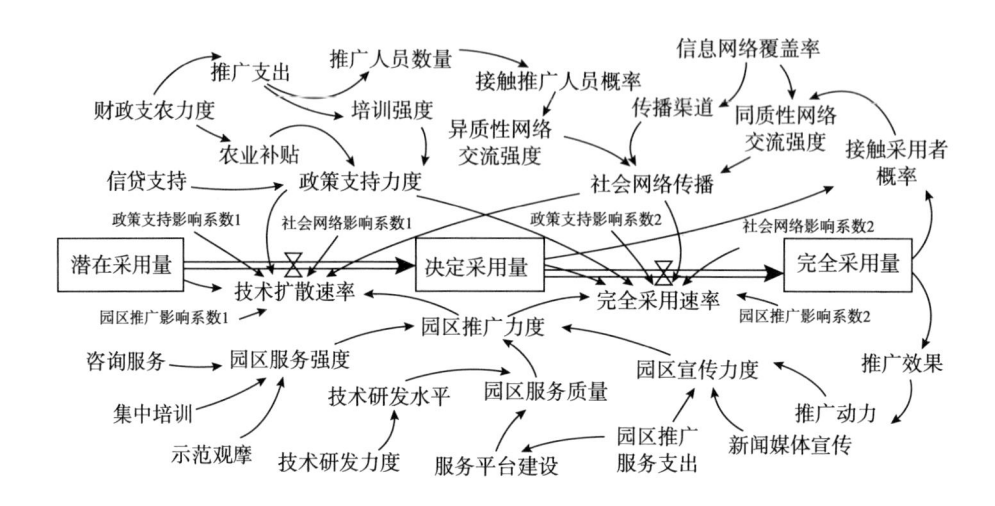

图 8-3　基于新型经营主体技术采用行为的园区技术扩散系统流图

具体变量符号及含义如表 8-1 所示。

表 8-1　仿真模型关键变量符号及定义

序号	符号	含义	变量类型	序号	符号	含义	变量类型
1	PA	潜在采用量	状态变量	12	AS	农业补贴	辅助变量
2	DA	决定采用量	状态变量	13	TF	培训强度	辅助变量
3	FA	完全采用量	状态变量	14	INP	同质性网络传播	辅助变量
4	DR	技术扩散速率	速率变量	15	FNP	异质性网络传播	辅助变量
5	AR	完全采用速率	速率变量	16	IDC	传播渠道	辅助变量
6	PP	园区推广力度	辅助变量	17	TDL	技术研发水平	辅助变量
7	PS	政策支持力度	辅助变量	18	SPC	服务平台建设	辅助变量
8	SC	社会网络传播	辅助变量	19	PPP	推广动力	辅助变量
9	PSF	园区服务强度	辅助变量	20	PPE	推广效果	辅助变量
10	PPE	园区宣传力度	辅助变量	21	PE	推广支出	辅助变量
11	PSU	园区服务质量	辅助变量	22	PN	推广人员数量	辅助变量

续表

序号	符号	含义	变量类型	序号	符号	含义	变量类型
23	PCP	接触推广人员概率	辅助变量	29	TSD	技术研发力度	常量
24	PCA	接触采用者概率	辅助变量	30	CA	信贷支持	常量
25	PSE	园区推广服务支出	常量	31	TT	技术培训	常量
26	INC	信息网络覆盖率	常量	32	CS	咨询服务	常量
27	NWP	新闻媒体宣传	常量	33	DO	示范观摩	常量
28	FSA	财政支农力度	常量				

四、方程确定

系统动态方程是系统动力学仿真分析的前提，本书涉及的主要方程如下：

（一）状态变量

$$PA = \text{INTEG}(-DR, 5000) \tag{8.1}$$

本书研究重点是对技术扩散率和完全采用率进行预测，系统内固有新型经营主体数量对研究结果没有影响，所以假设初始潜在采用数为5000。

$$DA = \text{INTEG}(DR-AR, 0) \tag{8.2}$$

$$FA = \text{INTEG}(AR, 0) \tag{8.3}$$

（二）速率变量

$$DR = PA * (\theta_1 * PP + \theta_2 * PS + \theta_3 * SC)/3 \tag{8.4}$$

$$AR = DA * (\alpha_1 * PP + \alpha_2 * PS + \alpha_3 * SC)/3 \tag{8.5}$$

（三）主要辅助变量

$$PP = 0.12 * PPE + 0.72 * PSU + 0.02 * PSF \tag{8.6}$$

$$PS = 0.25 * CA + 0.74 * AS + 0.34 * TF \tag{8.7}$$

$$SC = 0.33 * IDC + 0.21 * INP + 0.05 * FNP \tag{8.8}$$

$$PSF = TT + CS + DO \tag{8.9}$$

$$PPE = NWP + PP + 0.2 * PSE \qquad (8.10)$$

$$PSU = TDL + SPC \qquad (8.11)$$

$$AS = 0.25 * FSA \qquad (8.12)$$

$$PE = 0.15 * FSA \qquad (8.13)$$

$$TF = 0.6 * PE \qquad (8.14)$$

$$INP = PCA + INC \qquad (8.15)$$

$$FNP = 0.5 * PCP \qquad (8.16)$$

$$TDL = 0.25 * TSD \qquad (8.17)$$

$$SPC = 0.2 * PSE \qquad (8.18)$$

$$PPP = 0.50 * PPE \qquad (8.19)$$

$$PPE = FA/5000 \qquad (8.20)$$

$$PE = 0.15 * FSA \qquad (8.21)$$

$$PN = 0.4 * PE \qquad (8.22)$$

$$PCP = 0.5 * PN \qquad (8.23)$$

$$PCA = (DA + FA)/5000 \qquad (8.24)$$

第三节　系统动力学模型检验

本书的有效性检验主要从行为模式检验、敏感性检验和稳定性检验三方面展开。

一、行为模式检验

行为模式检验旨在检验模型结果与现实情况是否一致，本书结合技术扩散理论开展模型的行为模式检验，基于模型初始参数设定，对潜在采用量、决定采用量、完全采用量、技术扩散率及完全采用率进行仿真，结果如图8-4所示。可以看出：随着扩散时间的推移，新型经营主体技术采用潜在采用量曲线呈先快速后平稳的下降趋势,最终趋于 0 值;决定采用量曲线近似正态分布,先稳步上升到达峰值,而后逐步下降;完全采用量曲线随时间推移呈先稳步上升后趋于平缓的"S"型增长趋势,完全采用速率曲线呈先上升后下降的倒"U"型波动趋势,基本符合创新扩散的一般规律,表明本书构建的模型通过了行为模式检验。

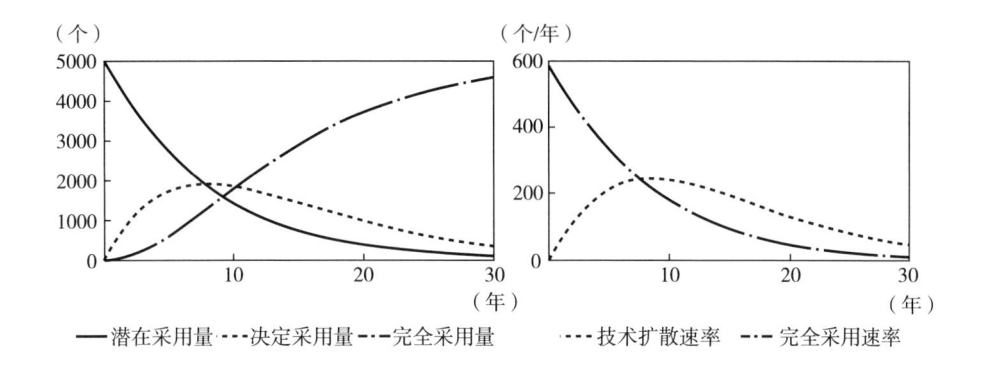

图 8-4 行为模式检验

二、敏感性检验

敏感性检验旨在检验模型结果对参数值改变的敏感程度,通常情况下,特定参数值的改变可能会导致仿真结果产生一定程度的变化,但整体趋势不会改变,输出的曲线形态大致相同。本书通过改变辅助变量新闻媒体宣传的数值来检验模型敏感性,分别将其数值设置为 0.3、0.6 及 0.9,并观察潜在采用量及完全采用量的变动情况。结果如图 8-5 所示,可知:参数值改变使潜在采用量及完全采用量在振幅上有所改变,但整体趋势并未出现较大波动,表明本书构建的基于新型经营主体技术采用行为的园区技术扩散系统灵敏度较好。

(a)潜在采用量　　　　　　　　　　(b)完全采用量

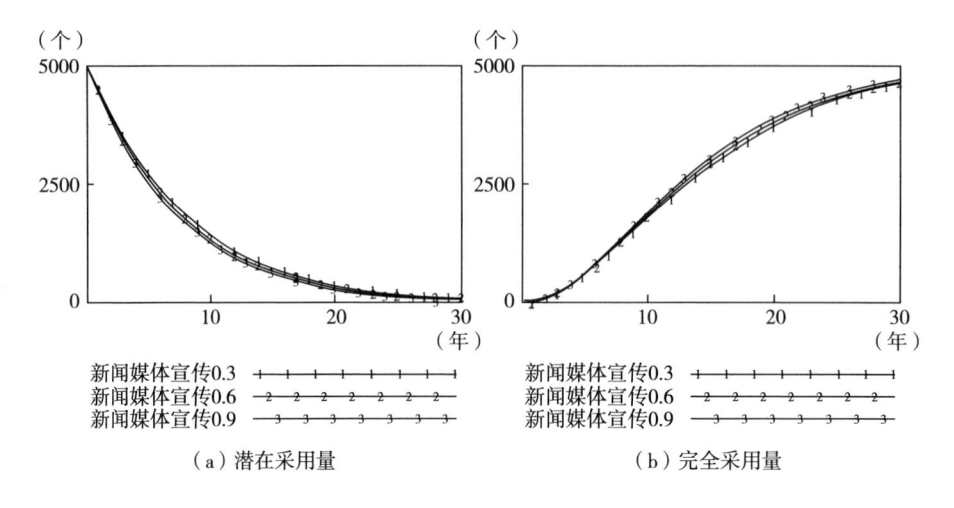

图 8-5　敏感性检验

三、稳定性检验

稳定性检验是系统真实可靠的前提条件，一般而言，若不同仿真步长下的系统行为变化曲线波动明显，说明系统构建不够科学稳定。本书将 TIME STEP 分别设置为 0.25、0.5 及 1，以潜在采用量及完全采用量两个状态变量为测试变量，考察其在一季度、半年及一年不同仿真步长下的变动趋势。结果如图 8-6 所示，

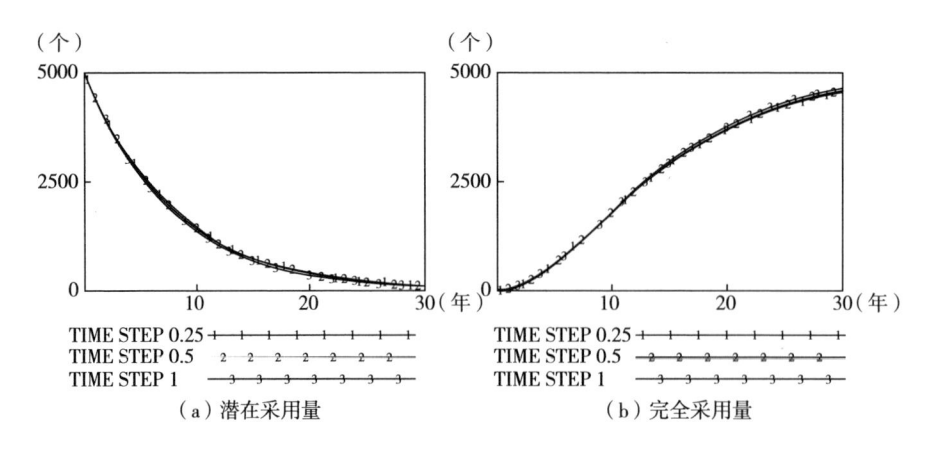

(a)潜在采用量　　　　　　　　　　(b)完全采用量

图 8-6　稳定性检验

可见：不同仿真步长下，潜在采用量及完全采用量曲线的演变趋势仅有小幅变化，并未因仿真步长的改变而产生明显波动，表明本书构建的模型基本稳定。

第四节 情景模拟与结果分析

一、单一政策与组合政策的比较

通常情况下，向动态系统施加政策可推进系统变化，且政策施加得越多，推进效果越强烈，基于此，本书设置如下三种政策情景，以检验单一政策与组合政策施加对系统的影响。情景一为基准情景，即保持系统初始参数不变，不施加任何政策；情景二为施加单一政策，在其余参数不变的基础上，将"园区宣传力度"变量值增加100%；情景三为施加多项政策，保持其余参数不变，将"园区宣传力度""园区培训强度"及"政策支持力度"变量值均增加100%。观察不同政策情景下决定采用量、完全采用量、技术扩散速率及完全采用速率的变化情况。

由图8-7可知，不同政策情景下的关键变量曲线形态基本一致，但各曲线的峰值及到达峰值的时间点均存在明显差异，施加政策可有效加速园区技术扩散与新型经营主体技术采用过程，但多种政策协同作用产生的影响要远大于单一政策的影响。具体地：

（1）就决定采用阶段来看，基准情景下，决定采用量在第8年达到扩散峰值，累积扩散量为1952，技术扩散速率在第8年达到峰值，峰值为252；施加单一政策可使其峰值提前至第7年达到，而施加多种政策可进一步推动扩散，使决定采用量于第5年达到峰值，且峰值被提高至1963。

（2）就完全采用阶段来看，基准情景下，完全采用量分别于扩散的第11及第23年达到2000及4000，并在仿真期末累积扩散4598，完全采用速率在园区技术扩散的第8年达到峰值，峰值为252；当向系统施加单一政策时，完全采用量

(a) 决定采用量

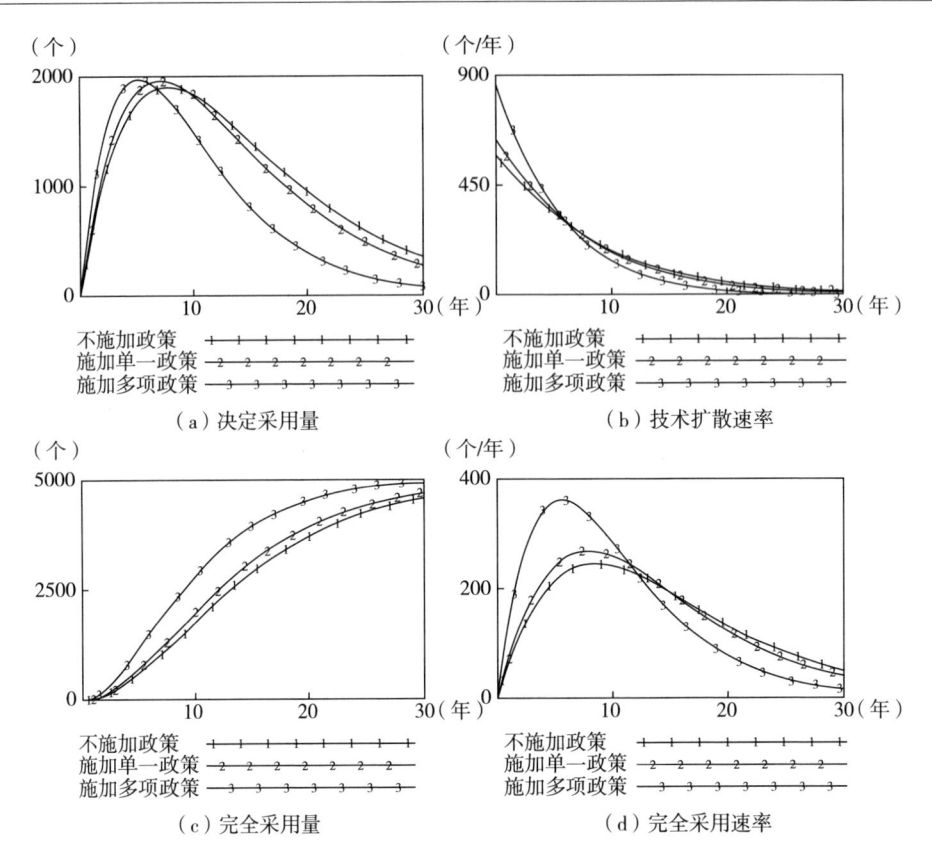

(b) 技术扩散速率

(c) 完全采用量

(d) 完全采用速率

图 8-7　单一政策与多项政策的作用比较

曲线分别于扩散的第 11 和第 21 年达到 2000 及 4000，可在仿真期末达到 4696，完全采用速率曲线的峰值到达时间虽未提前，但其峰值提高到了 268；当多个政策组合作用时，完全采用量曲线将进一步左偏，分别于扩散的第 8 及第 16 年达到 2000 及 4000，且仿真期末可实现 4922 的完全采用量，扩散效果远超前两种情景。且完全采用速率的峰值大幅提高至 362，并提前至扩散的第 6 年达到峰值。

可见，基于新型经营主体技术采用行为的园区技术扩散系统是由多因素共同作用而成的动态复杂系统，多种因素的协同作用可有效加速技术的扩散过程，促进新型经营主体的技术采用。

二、单一政策对技术采用的影响

根据系统基准变量设置，决定采用量预计到 2028 年达到峰值 1952，在逐步转化为完全采用者后，到 2050 年决定采用量剩余 323，完全采用量于扩散的第一年有所延迟，到 2050 年可累积至 4598 个采用量。基于此，为进一步探究不同程度的园区推广、政府支持及社会网络对园区技术扩散与新型经营主体技术采用的影响，本书在保持其他参数不变的情况下，分别更改园区推广、政府支持及社会网络相关变量参数，观察决定采用量和完全采用量的变动情况。

（一）园区推广情景分析

本书设置了三个政策情景模拟园区推广力度改变对新型经营主体技术采用行为的影响。情景一是基准状态；情景二是在其他参数不变的情况下，将园区推广力度变量值增加 50%；情景三是保持其他参数不变，将园区推广力度变量值增加 100%。不同园区推广力度对新型经营主体技术采用行为变迁路径影响的仿真结果如图 8-8 所示。

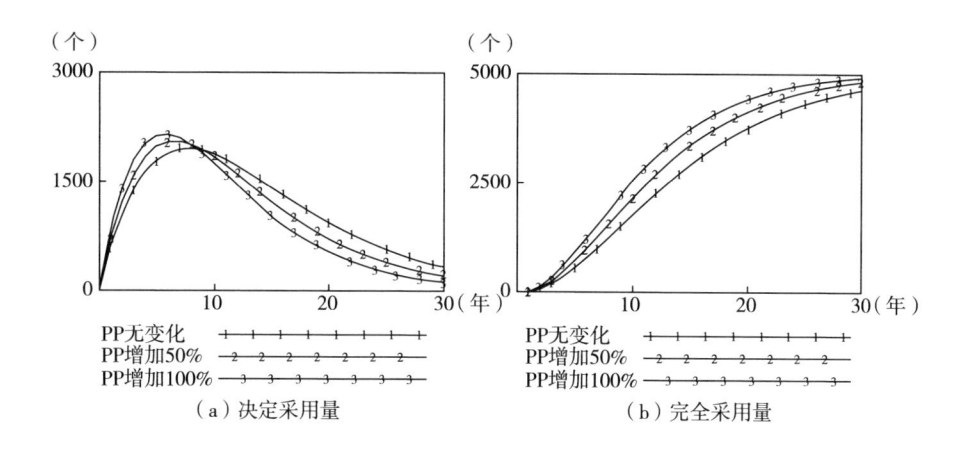

图 8-8 园区推广力度对系统的影响

由图 8-8 可知，随着园区推广力度的加大，决定采用量与完全采用量曲线均呈现出较大幅度的提升，峰值也可大幅提高。当园区推广力度增加50%时，决定采用量将提前一年达到峰值，且峰值增加至2059，随后进入快速下降阶段，到2050年决定采用量将剩余191，完全采用量曲线左移明显，扩散初期增速明显增加，最高年增加294个完全采用主体，到2050年可累积扩散4779个完全采用主体；当园区推广力度增加100%时，技术扩散速率将进一步增加，决定采用量可较基准情景提前2年达到峰值，且峰值增加至2154，到2050年末剩余110个决定采用量，同时，完全采用速率也得到大幅提升，最高可实现年增加336个完全采用主体，到2050年可累积4879个完全采用主体。

（二）政策支持情景分析

本书设置了三个政策情景模拟政策支持力度增加对新型经营主体技术采用行为的影响程度。情景一是基准情景；情景二是在其他参数值不变的情况下，将政策支持力度变量值增加50%；情景三是保持其他参数不变，将政策支持力度变量值增加100%。不同政策支持力度对新型经营主体技术采用行为变迁路径的影响仿真结果如图8-9所示。

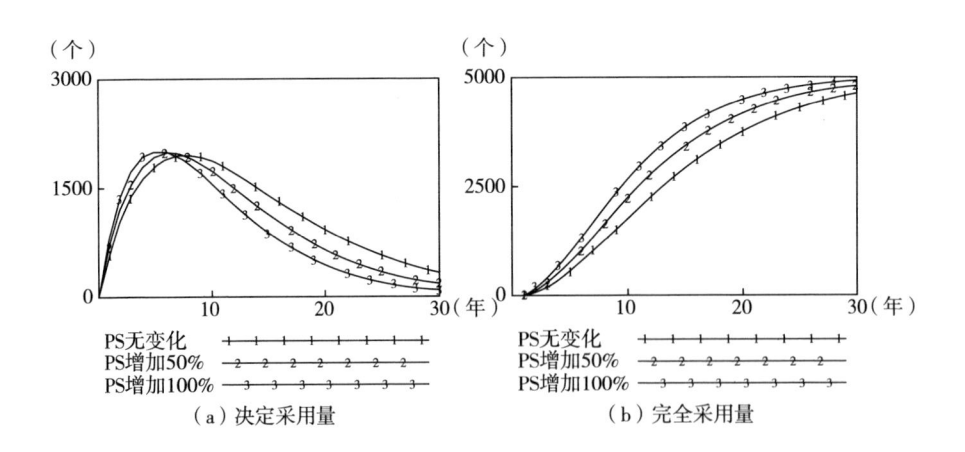

（a）决定采用量

（b）完全采用量

图8-9 政策支持力度对系统的影响

由图8-9可知，随着政策支持力度的加大，决定采用量与完全采用量曲线均有大幅提升，但对完全采用量的作用效果更为突出。当政策支持力度增加50%

时，决定采用量将提前 2 年达到峰值，但峰值并未产生明显变化，仅较基准情景增加了 25 个采用量，经过向完全采用的快速转化后，到 2050 年决定采用量仅剩余 170，完全采用量曲线则呈现出大幅左移特征，扩散初期增速明显增加，最高年增加 301 个完全采用主体，到 2050 年可累积扩散 4796 个完全采用主体；当政策支持力度增加 100%时，技术扩散速率将进一步增加，决定采用量可较基准情景提前 3 年达到峰值，峰值增加至 2001，到 2050 年末剩余 86 个决定采用量，同时，完全采用速率也得到大幅提升，最高可实现年增加 352 个完全采用主体，到 2050 年可累积 4900 个完全采用主体。

（三）社会网络情景分析

本书设置了三个政策情景模拟社会网络传播增加对新型经营主体技术采用行为的影响程度。情景一是基准情景；情景二是保持其他参数不变，将社会网络传播变量值增加 50%；情景三是保持其他参数不变，将社会网络传播变量值增加 100%。不同社会网络传播对新型经营主体技术采用行为变迁路径的影响仿真结果如图 8-10 所示。

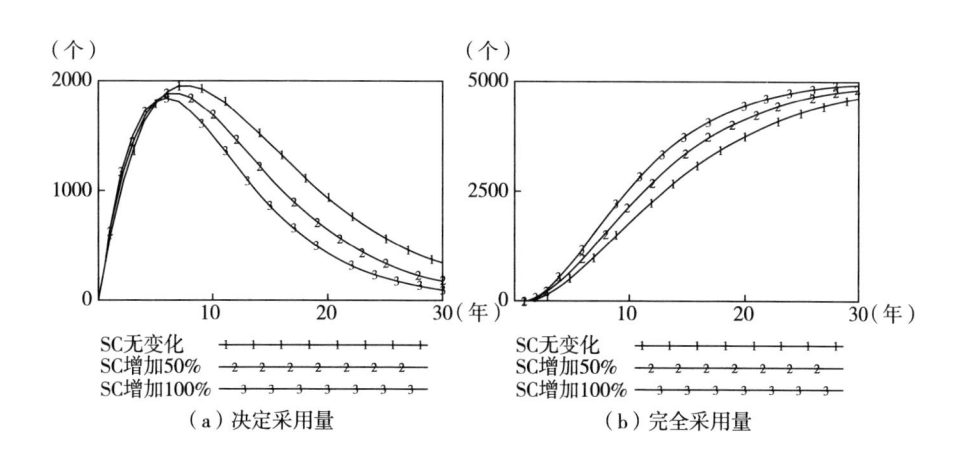

图 8-10 社会网络传播对系统的影响

由图 8-10 可知，社会网络传播变量值的增加对决定采用量及完全采用量的作用效果存在明显差异。当社会网络传播变量值增加 50%时，决定采用量将提前

1年达到峰值,但峰值较基准情景降低了68个采用量,在达到峰值前,图形曲线并未有明显波动,表明技术扩散初期,社会网络环境对新型经营主体技术采用行为的影响有限,到达峰值后,决定采用量的下降速度明显加快,到2050年决定采用量将剩余164个。与决定采用量曲线相比,完全采用量曲线呈现出明显的左移趋势,扩散初期增速略有增加,最高可实现297的年增加量,到2050年可累积扩散4791个完全采用主体;当社会网络传播变量值增加100%时,决定采用量可较基准情景提前2年达到峰值,峰值较基准情景降低了112个采用量,到达峰值前,图形曲线与基准情景基本一致,到达峰值后决定采用量曲线大幅下移,到2050年末仅剩余82个决定采用量。完全采用量也得到大幅提升,最高可实现341个年增加量,到2050年可累积4893个完全采用主体。

（四）不同外部环境的横向比较

本书进一步设置三个政策情景比较园区推广力度、政策支持力度及社会网络传播对新型经营主体技术采用行为的影响程度差异。情景一是保持其他参数不变,将园区推广力度值增加100%;情景二是保持其他参数不变,将政策支持力度值增加100%;情景三是在其余参数不变的情况下,将社会网络传播变量值增加100%,不同外部环境增加对新型经营主体技术采用行为变迁路径的影响仿真结果如图8-11所示。

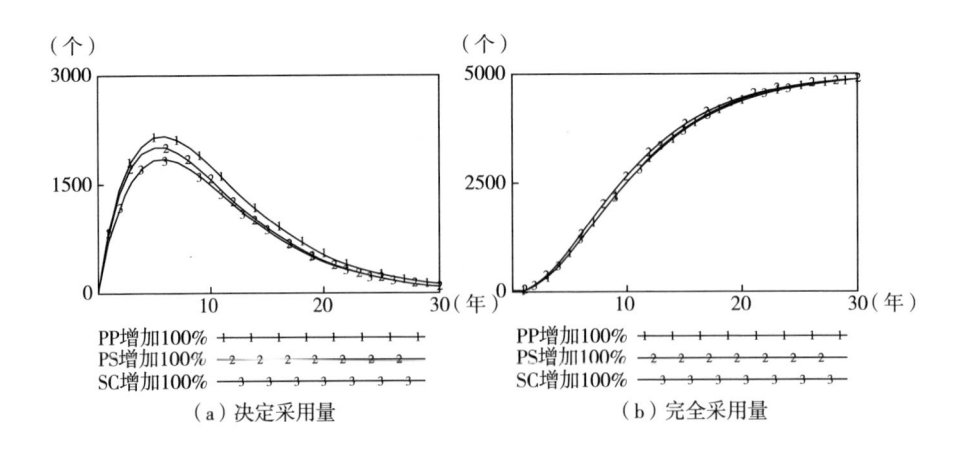

(a) 决定采用量　　(b) 完全采用量

图8-11　不同外部环境对系统的影响

由图8-11可知,不同外部环境在技术扩散不同阶段的作用效果显著不同。具体地:①就决定采用阶段而言,尽管三种情景下的曲线均于扩散的第6年到达峰值,但园区推广力度增加后的峰值远大于政策支持力度和社会网络传播,三种情景下的决定采用量峰值分别为2154、2001和1839。到达拐点前,情景三的扩散速率显著低于其他两种情景,而当到达峰值后,情景三的扩散速率反超其他两种情景,到仿真期末,三种情景下的决定采用量分别为110、85和81。②就完全采用阶段而言,三种情景下的图形曲线大体一致,均于扩散的第6年达到完全采用量的峰值,但三种情景的完全采用量曲线峰值分别为336、352和341,即年增加完全采用者336、352和341个,表明政策支持力度增加对完全采用行为的作用强度显著优于其他两种情景。当达到峰值后,情景二的完全采用量曲线明显放缓,增长速率逐渐低于其他两种情景,到仿真期末,三种情景下,完全采用量分别可累积4879、4900和4893。可见,在决定采用阶段,园区推广是最关键的影响因素,社会网络传播的作用强度最弱;在完全采用阶段,政策支持是最为关键的环境因素,园区推广的作用强度有所弱化。可能的原因是,在决定采用阶段,潜在采用者对相关技术的认知度较低,主要通过园区推广来了解技术原理及技术效果,因而园区推广力度的提高可促使决定采用量显著增加;在完全采用阶段,决定采用者已对园区推广技术持有相对正确的认知,其主要顾虑是完全采用可能带来的成本增加,政策支持力度的加大可减轻其技术采用的经济负担,促进决定采用者向完全采用者转换。

(五) 关键子变量的影响

为进一步识别不同子变量对新型经营主体技术采用行为的影响,本书在其余变量值不变的情况下,将各关键变量的参数值分别增加100%,以识别哪一变量对技术采用的提升效果最强。

由图8-12可知,在其余参数值不变的条件下,改变任一关键参数值均会促进新型经营主体的技术采用与完全采用,但不同参数值的改变会对新型经营主体技术采用行为带来不同程度的影响。具体地:①就决定采用阶段而言,各单一变量值改变均可显著增强决定采用量,对新型经营主体的技术采用决策有显著的提升效果,其中,园区服务质量、农业补贴政策及信贷支持政策的提升效果最强,分别可使决策采用量曲线峰值增长151、29及20，技术扩散速率分别可达到753、699及658个/年；②就完全采用阶段而言，在扩散的第14年以前，各单一变量值的增加均可显著提升新型经营主体的完全采用速率，其中，同质性网络传播、园区服务质量及农业补贴政策的提升效果最强，分别可使完全采用速率达到323、311及306个/年，分别较基准情景提高了71、59及54个/年，到仿真期末，完全采用量分别可累积到4859、4820及4809个/年。可见，园区服务质量、农业补贴政策、信贷支持政策及同质性网络传播是影响新型经营主体技术采用行为的关键变量。

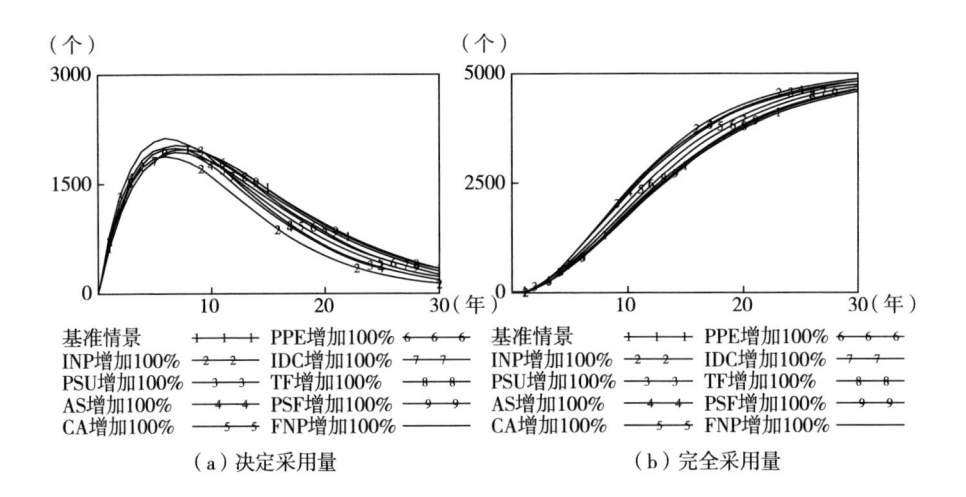

图8-12 不同子变量对系统的影响

三、组合政策对技术采用的影响

基于新型经营主体技术采用行为的园区技术扩散系统是多因素共同作用下的动态系统，本节在前文分析基础上，系统模拟多项政策组合作用下，新型经营主体技术采用行为的变化路径。具体地，分别设置五种情景，情景一为基准情景；情景二为将园区推广力度与政策支持力度均增加100%；情景三为将园区推广力度及社会网络传播均增加100%；情景四为将政策支持力度与社会网络传播均增

第八章 基于新型经营主体技术采用的园区技术扩散系统模拟

加100%；情景五为将园区推广力度、政策支持力度及社会网络传播均增加100%。观察不同情景下的决定采用量、技术扩散速率、完全采用量及完全采用速率变化，以识别不同政策组合对决定采用阶段及完全采用阶段的影响差异。

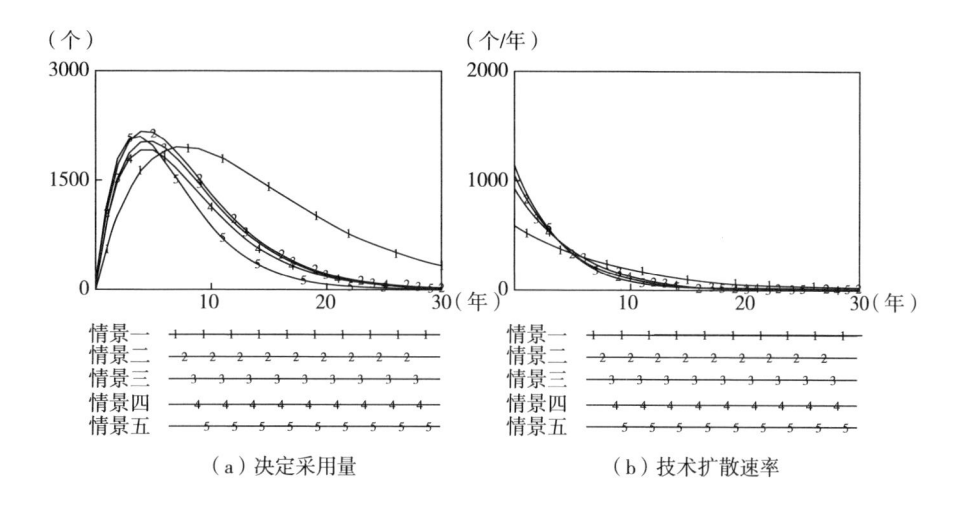

(a) 决定采用量

(b) 技术扩散速率

图 8-13 组合政策对决定采用阶段的影响

由图 8-13 可知，多项政策组合作用对园区技术扩散背景下的新型经营主体技术采用行为有显著的促进作用，且当系统内所有政策均叠加作用时，作用效果最为明显。就决定采用阶段而言，所有政策叠加可使其初始技术扩散速率达到 1150 个/年，并将决定采用量峰值到达时间从 2028 年提前至 2024 年，使峰值增加至 2095，自 2025 年开始，决定采用量曲线的增长速率将逐步缓和，低于基准情景下的扩散速率，到仿真期末，技术扩散速率仅为 0.13 个/年，决定采用量剩余 4 个，绝大多数决定采用主体均将转向完全采用主体。其他情景下的决定采用量和技术扩散速率曲线存在一定差异，具体地：

在园区推广与政策支持的组合作用下，初始技术扩散速率可达到 1050 个/年，并于 2024 年达到决定采用量的峰值，峰值为 2175，自 2026 年开始，曲线的增长速率将低于基准情景，到仿真期末，扩散速率将降低为 0.42 个/年，决定采用量将减少至 25 个；在园区推广与社会网络组合作用下，决定采用量曲线将于 2025 年达到峰值，峰值为 2033，曲线增长速率自 2026 年开始低于基准情景，到仿真

·149·

期末，技术扩散速率将降至0.70个/年，决定采用量将减少至21个；当政策支持与社会网络组合作用时，初始技术扩散速率为904个/年，决定采用量于2024年达到曲线峰值，峰值为1921，显著低于其他三种组合政策情景，且比基准情景低31，2026年以后，情景四作用下的决定采用量增长趋势将低于基准情景，到仿真期末，其技术扩散速率将降至0.94个/年，使决定采用量减少至18个。

可见，所有政策组合作用可显著加快决定采用量的增长速率。除此之外，园区推广与政策支持的组合作用是加速园区技术扩散、促进决定采用量增加的重要途径。可能的原因是，园区通过技术宣传、试验示范及技术指导等推广活动进行技术扩散，破除潜在采用者对创新技术的认知藩篱，激发其对创新技术的采用兴趣。与此同时，政府部门通过资金直补、物资发放等形式进行外部支持，可极大程度地降低技术采用成本，使园区技术扩散的作用得以加强，进而促使潜在采用者做出技术采用的决定。

由图8-14可知，就完全采用阶段而言，所有政策叠加对其有极显著的促进作用，扩散初期的完全采用速率可达到269个/年，为基准情景下的4.14倍，到2024年完全采用速率即可达到峰值，每年可增加545个完全采用量，到2026年即可达到2000的完全采用量，到研究期末完全采用量可达到4995个，基本上可实现潜在采用者对创新技术的完全采用。其他三种情景下的完全采用量和完全采

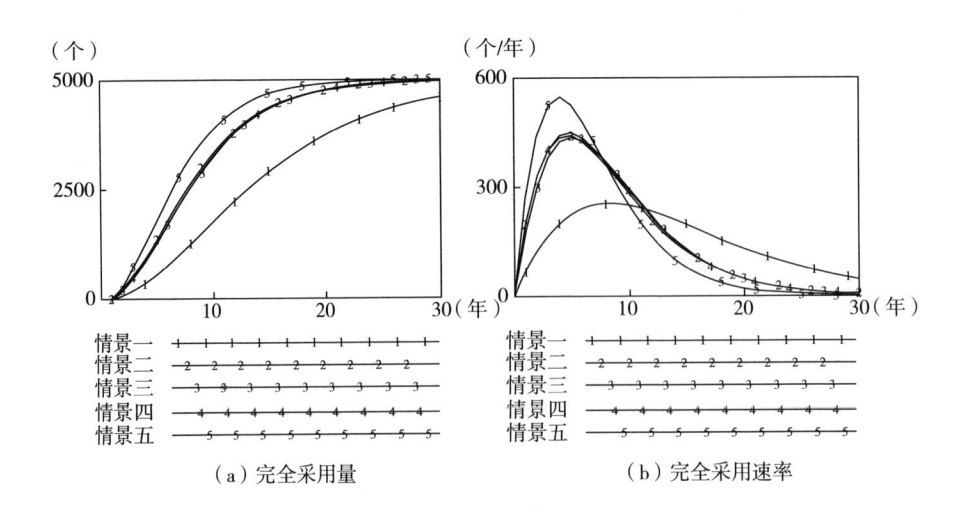

图8-14 组合政策对完全采用阶段的影响

用速率曲线虽不存在明显差异,但均对新型经营主体的技术完全采用行为有一定促进作用。具体地:当园区推广与政策支持共同作用时,初始完全采用速率为 196 个/年,为基准情景下的 3.02 倍,到 2025 年完全采用速率可达到峰值 438 个/年,到 2027 年可实现 2000 个的完全采用量,到 2013 年可实现 4000 个的完全采用量,到研究期末可累积 4973 个完全采用量,较基准情景高 375 个;园区推广及社会网络组合作用下的初始完全采用速率为 171 个/年,到 2025 年可达到峰值 435 个/年,到 2027 年可达到 2000 个的完全采用量,到 2014 年可达到 4000 个的完全采用量,到研究期末可累积 4976 个完全采用量;在政策支持与社会网络的组合作用下,初始完全采用速率为 186 个/年,到 2025 年可达到峰值 447 个/年,到 2027 可达到 2000 个的完全采用量,到 2013 年可达到 4000 个的完全采用量,到研究期末可累积 4977 个完全采用量。

可见,所有政策的组合作用可明显加速新型经营主体对创新技术的完全采用行为。除此之外,政策支持与社会网络是促进新型经营主体对技术完全采用的重要政策组合,二者组合作用可加速决定采用者向完全采用者的转换。可能的原因是,尽管决定采用者已对园区推广的集成技术有一定的认知,但仍缺乏对不同子技术实际采用效果的了解。此外,多项技术的完全采用会增加技术采用的投资成本,带给决定采用者较大的经济负担。政策支持和社会网络的组合作用,一方面,可通过社会网络间的口碑效应消弭或减弱决定采用者对技术采用效果的忧虑;另一方面,可通过外部支持降低决定采用者完全采用的交易成本,激发其完全采用的积极性。

本章小结

本章是在新型经营主体技术采用过程分析的基础上,以园区推广、政策支持、社会网络为核心参数,构建基于新型经营主体技术采用行为的园区技术扩散系统动力学模型,并模拟不同情景下的新型经营主体技术采用行为动态变化情况,主要结论如下:

(1)通过"系统分析—结构分析—规范模型—仿真实现"的步骤,构建基于新型经营主体技术采用行为的园区技术扩散系统动力学模型，模型检验结果表明：仿真时段内的新型经营主体技术完全采用曲线基本呈"S"型增长趋势，完全采用速率曲线基本呈倒"U"型趋势，基本符合创新扩散的一般规律，通过了行为模式检验；单一参数值的改变使潜在采用量及完全采用量曲线在振幅上有所改变，但整体趋势并未出现较大波动，通过了敏感性检验；不同仿真步长下的潜在采用量及完全采用量曲线演变趋势仅有小幅变化，并未因仿真步长的改变而产生明显波动，通过了稳定性检验。

（2）对单一政策与组合政策叠加作用比较发现，基于新型经营主体技术采用行为的园区技术扩散系统是由多因素共同作用而成的动态复杂系统，多种因素的协同作用可有效加速技术的扩散过程，促进新型经营主体的技术采用和完全采用。

（3）仅单一政策作用时，在保持其他参数不变的情况下，改变任一参数值均可对新型经营主体技术的采用行为带来显著的提升效果，但不同外部环境对技术扩散不同阶段的作用效果显著不同。在决定采用阶段，园区推广的作用效果最强，社会网络的影响最弱，当完全采用阶段，政策支持起到关键作用，园区推广的作用强度有所弱化；园区服务质量、农业补贴政策及信贷支持政策对决定采用量的提升效果最强；同质性网络传播、园区服务质量及农业补贴政策对完全采用量的提升效果最强。

（4）当组合政策作用时，多项政策组合作用对园区技术扩散背景下的新型经营主体技术采用行为有显著的促进作用，且当系统内所有政策均叠加作用时，作用效果最为明显；园区推广与政策支持的组合作用是加速园区技术扩散、促进决定采用量增加的重要途径；政策支持与社会网络是促进新型经营主体对技术完全采用的重要政策组合。

第九章 对策与建议

前文在对吴忠农业科技园区技术扩散空间划定的基础上,以传统农户为参照,基于技术采用"前—中—后"的过程视角梳理了新型经营主体的农业技术需求、技术采用行为及技术采用效应,构建了基于新型经营主体技术采用行为的园区技术扩散系统动力学模型,对不同政策情景下的园区技术扩散与新型经营主体技术采用进行了仿真模拟。本章基于前文实证分析与仿真模拟结果,提出旨在促进园区技术扩散与技术采用的对策和建议。

第一节 优化推广模式

一、完善需求导向下的技术推广策略,增强园区技术推广的针对性

园区服务质量是影响农业科技园区技术扩散空间内不同类型决策主体技术采用的共性因素,其在很大程度上取决于推广技术与决策主体需求的匹配度。然而,笼统的园区推广模式往往会忽视决策主体需求,造成服务满意度不高、推广效率低下等问题,制约了园区创新技术的有效扩散。因此,要提高园区服务质量、加速园区技术扩散,需在传统"自上而下"式技术推广模式的基础上,完

善"自下而上"式技术推广服务,增强园区技术推广的针对性,提高技术推广的供需适配性,进而实现推广系统(农业科技园区)与采用系统(新型经营主体或传统农户)之间的良性互动。

一方面,应放眼基层,通过"自下而上"式的信息跟踪服务掌握决策主体的技术需求信息。农业科技园区创新技术要实现迅速扩散,必须重视决策主体在技术扩散中的基础作用,充分考虑决策主体间的技术需求差异,实现园区技术服务供给与决策主体技术需求的有效衔接。具体地,可通过农业科技园区技术员走访调研、参与生产,直接采集异质性决策主体的技术需求信息与技术服务反馈信息;或通过行业协会、涉农企业等中间桥梁间接掌握异质性决策主体的技术需求信息;或培育有一定技术示范及推广能力的示范主体,引导其精准对接一线需求;或搭建农业信息共享平台,借助"互联网+"实现快速高效的互联互通,以及时了解异质性决策主体的技术需求。

另一方面,需宏观把控,以决策主体的技术需求为导向开展"自上而下"式的技术推广服务。在掌握异质性决策主体技术需求的基础上,应充分重视农业科技园区的顶层设计,面向不同类型的农业经营主体,及时调整与优化园区技术引进、示范与推广策略,通过不同的技术推广路径,推广差异化的改良技术,做到因类施策、有的放矢。具体地,对于规模化、标准化程度较高的新型经营主体,应加强改良设施装备、农业信息技术等创新技术的研发、引进与示范,着重展示先进设施装备的便携性及高效性;对于传统农户,应在展示先进设施设备开拓其眼界的同时,重视其对病虫害防治、土壤改良等问题的关注,加强相关改良技术的引进、示范与推广。

二、建立健全多样化的技术服务体系,提高园区技术服务的有效性

农业科技园区是农业技术服务的重要载体,目前,吴忠农业科技园区的技术服务主要以基地示范、集中培训等被动形式开展,对园区及园区推广技术的主动宣传相对有限,在一定程度上制约了决策主体对创新技术的采用。因此,若要实现园区推广技术的广泛采用,有必要创新园区技术服务体系,提高技术服务的有效性。

具体地，可通过被动与主动相结合、线上与线下相结合、直接与间接相结合的形式建立多层次、多元化的园区技术服务体系。

第一，应拓展主动式技术服务，建立主动与被动相结合的服务模式。在将技术受众"请进来"开展被动式技术服务的基础上，鼓励园区"走出去"进行宣传与技术服务，拓展电话服务、网络服务等多种主动式技术服务形式，引导技术员扎根于田间地头开展技术培训。

第二，应通过互联网推广平台，建立线上与线下相结合的服务模式。可加大对农业科技园区基础设施的建设力度，以实体园区为依托，打造"互联网+园区"，通过网络平台或微信公众号开展园区示范基地展示、产业信息传递、技术资讯共享、远程教育培训或技术服务反馈等线上集成服务，破除地理位置对技术服务的限制，实现园区资源、技术的高效集成共享，在提升决策主体对园区知晓度、决策主体对园区技术服务满意度的同时，也能激发广大受众的采用热情。

第三，应重视中介组织的作用，建立直接与间接相结合的服务模式。可在园区直接开展技术服务的基础上，强化中介组织的间接带动作用，在不同的辐射空间内建立示范基地、发展示范主体、培育示范农户，通过次级节点建立多向沟通桥梁，形成多层级的技术服务网络体系，全面深入地开展园区宣传、技术推广及后续服务。

第二节 强化政策支撑

一、加大对技术采用的政府补贴力度，提升各类主体的采用积极性

政府补贴在园区技术扩散过程中发挥着重要的调控与引导作用，是促进不同类型决策主体技术需求与技术采用行为的关键因素。但调研发现，政府补贴的发放仍存在连贯性差、落实不到位、满意度不高等问题，直接弱化了部分决策主体的技术采用积极性。因此，为激励不同类型决策主体进行技术采用与完全采用，

加速园区技术扩散进程，有必要加大政府补贴力度，充分发挥其在技术采用过程中的撬动作用。

具体地，可通过加大补贴力度、优化补贴路径、加强补贴监管及延长补贴时效等方式，调动决策主体的技术采用积极性。

第一，应加大补贴力度。扩大受益主体及试点范围，在对适度规模经营主体进行倾斜性补贴的同时，加大对普通农户的各项补贴，降低其技术采用成本，进而调动其采用积极性。

第二，应优化补贴路径。奶牛养殖与设施蔬菜种植均属于初始投资大、生产成本高的农业产业类型，应根据地区实际及决策主体特征推行差异化的补贴实施方案，以提高公共财政的投资效率。对于新型经营主体，重点采用项目支持的形式发展新型经营主体为创新试点单位，进一步通过"农业科技园区+示范主体+传统农户"或"农业科技园区+示范主体+其他主体"等利益联结机制，推动创新技术的有效扩散；对于传统农户，可采取资金支持和物资发放相结合的形式进行补贴。一方面，通过直接的现金补贴减轻其技术采用压力，提高其技术采用积极性；另一方面，通过物资发放可将直接补贴转变为刺激采用的动力，避免农户因单一的资金支持产生生产惰性。同时，也可对技术采用的成功案例进行典型奖励，吸引更多农户效仿采用。

第三，应加强补贴监管。一方面，应加强对补贴落实情况的动态监管，在补贴发放时进行正确引导，避免对补贴资金的不当使用以及对补贴物资的过度浪费；另一方面，应加强对补贴实施效果的考核问效，对补贴后的实际问题进行及时反馈分析，为下一步的补贴政策调整打下基础。

第四，应建立补贴的长效机制。综合考虑技术采用过程中的各项成本与投入，在技术采用的不同阶段实施不同的补贴措施，通过可持续、连贯的政策补贴保证补贴的常态化，延长补贴时效，激励各类主体的技术采用。

二、加强对技术采用的金融信贷支持，增强对各类主体的经济诱导

信贷支持是影响异质性决策主体技术采用和完全采用的关键因素之一，随着

现代农业的逐步发展，各类主体对金融信贷的需求量不断攀升，稳定的信贷支持不仅可以刺激各类主体技术需求的提升，还能增强其技术采用的积极性。然而，调研发现，贷款难问题仍是各类主体技术采用的一大掣肘，究其原因：一是由于农业生产见效周期长、抵押资产少、市场风险大的特点，制约了金融机构对农业项目的信贷支持；二是信贷政策宣传不到位，导致部分决策主体存在信贷认知偏差，不了解贷款政策，主观意识上认为贷款难。因此，为激励各类主体的技术采用，推动园区技术的有效扩散，需加大信贷支持力度，优化信贷支持模式，增强对各类主体的经济诱导。

第一，应通过政府部门的宏观调控与正确引导，创造相对宽松的贷款环境，缓解贷款难的问题。一方面，可通过财政贴息等优惠政策，减少金融机构放贷风险，鼓励更多的金融机构进入市场并开展与农业技术采用相关的贷款业务，通过金融机构间的良性循环竞争，规避因垄断产生的放贷门槛高、利率高等问题，更多的优惠农业经营主体。另一方面，在信贷计划中，应为农业技术采用贷款设立专门通道，进行专项安排。首先，应尽可能地放宽放贷门槛，放松对农业技术采用贷款金额、利率及期限的约束；其次，应尽可能地简化信贷手续，缩短农业技术采用贷款的评估、审批及办理时间。

第二，应引导金融部门创新服务方式，结合农业经营主体实际，探索多层次、多渠道、多元化的融资支持模式，切实解决金融机构放贷的后顾之忧，为各类主体的技术采用提供稳定的信贷支持。具体地，对奶牛养殖主体鼓励采取活体抵押、乳企担保、土地经营权抵押等贷款形式；对设施蔬菜种植主体鼓励采取大棚设施抵押、土地经营权抵押及农机具抵押等贷款形式；对于缺少抵押物的传统农户，鼓励采取农户小额信贷或多户联保的贷款形式。同时，可对新型经营主体进行信用评级，对于信用评级优秀的新型经营主体，可通过免抵押、免担保的形式给予信贷支持，分散新型经营主体技术采用的投资风险，增强其农业生产及技术采用的积极性。

第三，应搭建线上与线下相结合的信贷信息宣传平台，向各类主体宣传信贷政策，提供信贷咨询服务，缓解金融机构与决策主体间的信贷信息不对称问题。一方面，可通过正规的信贷信息网络发布平台，为具备一定信息素养的新型经营主体定向宣传农业技术采用贷款的申请条件、申请流程以及普惠政策，或可借助短视频平台、微信朋友圈、微信群、公众号推送等媒体工具进行宣传，扩大线上宣传的覆盖面；另一方面，可深入基层，通过海报宣传、面对面指导、专题培训等形式对缺乏信息素养的传统农户进行信贷知识普及，提高其金融知识水平的同时，解决其因金融知识匮乏而导致的信贷认知偏差问题。

第三节 畅通信息渠道

一、加强多维社会网络的建设与培育，推动信息传播途径的多元化

信息传播渠道是影响异质性决策主体技术需求与技术采用的重要社会网络因素，信息传播渠道越多，不同类型决策主体对新技术的需求强度越高，越乐于采用且采用更多技术。调研发现，样本县决策主体的信息获取渠道相对有限且单一，种植主体平均信息获取渠道为3.26个，主要通过亲友乡邻、农业部门及大众媒体获取信息；养殖主体平均信息获取渠道为3.66个，主要通过亲友乡邻、农业部门及农业科技园区获取技术信息；传统农户平均信息获取渠道仅为2.31个，主要通过农资商及亲友乡邻获取信息。因此，有必要探索多元化的信息传播途径，加强多维社会网络建设，促进不同主体间的信任程度，推动园区技术扩散及不同类型决策主体的技术采用与完全采用。

第一，应完善农村地区基础设施网络体系。具体地，可全面推进公路基础设施建设，以及互联网、移动通信基站等信息与通信技术设施建设，提高农村地区的公路网络覆盖率和信息网络覆盖率，优化农业技术信息传播的硬件环境，为社会网络的多维化发展和技术信息传播的顺畅、高效创造条件。

第二，应增加多种形式的信息供给途径。具体地，可在亲友乡邻、农业部门等传统信息传播渠道的基础上，顺应社会发展趋势，发展短视频平台、微信群、公众号等技术受众喜闻乐见的传播媒介，既可削弱距离因素对信息传播的影响，

使技术信息有效传播至偏远地区，又可通过更接地气的形式增强决策主体对技术推广人员的信任程度。同时，也可借助互联网在多维信息供给方面的优势，通过政府信息门户网站搭建网络信息共享平台，发布准确、及时的技术信息、产品信息及市场信息，打破信息传递壁垒，面向所有技术受众随时随地、开放式地传递技术信息，突破社会网络在信息传递中的时空限制。

第三，应加强信息服务的中介队伍建设。具体地，可大力扶持行业协会、农民合作社等中介机构，并鼓励新型经营主体加入行业协会，鼓励传统农户加入农民合作社，增加异质性主体获取规范性技术信息、扩建人际关系网络的渠道。

第四，应加大对传统农户信息素养的培训力度。对于传统农户信息素养差、互联网使用能力低的问题，专门开展信息素养专题教育，通过开展智能手机的实操培训，使其掌握常用软件的基本操作，提高其技术信息获取能力。

二、充分发挥同质性网络的示范作用，强化异质性网络的引导作用

同质性网络是影响新型经营主体与传统农户技术采用行为的关键因素，在园区技术扩散过程中起到至关重要的促进作用。加强同质性网络建设，可有效推动园区技术扩散及不同类型决策主体的技术采用。相反，以差异化信息传播为主的异质性网络仅对激发技术受体的技术需求有一定效用，对各类主体技术采用行为的影响并不突出。然而，信息异质性通常被认为是技术有效扩散的重要前提，同质性网络在技术信息快速传播中的作用固然重要，但应重视异质性网络在异质性、高价值信息传播方面的优势。因此，有必要在强化同质性网络的基础上，加强对异质性网络的建设，推动信息在不同网络间的传播，提高技术信息传播的有效性。

一方面，应充分发挥同质性网络在技术采用过程中的示范作用。首先，应扩大同质性网络规模，通过搭建互动平台、创造交流机会、拓宽交往领域，提高同质性网络内部的互惠互利与信任程度。具体地，可组织多种形式的文化活动增进交流，鼓励网络内部成员通过共同话题增强彼此信任感；或可于农闲时，组织开展农业生产交流大会，在网络内部传播科学有效的生产经验，提高技术采用的可

靠性与稳定性。其次，应对同质性网络传播的重复冗杂信息进行优化，推动有效技术信息在同质性网络间的传播。具体地，可在同质性网络中选择具有一定威信及广泛社会关系的关键主体，将此类新型经营主体或传统农户作为技术示范推广的重点对象，给予充分的信息、技术或资金支持，培养其为示范主体或技术带头人，依托其在网络内部的影响力以及同质性网络间的频繁互动，实现有效技术信息的快速传播。

另一方面，应重视异质性网络在异质性信息传播方面的作用，强化其在技术扩散过程中的引导作用。首先，基层政府可充当拓展不同类型决策主体社交范围的关系桥，让异质性网络在信息传播中发挥更大的作用。具体地，应建立稳定、长效的沟通机制，通过研讨会、论坛、培训等途径，密切农业科技园区、农业技术推广站等农技推广机构与不同类型农业经营主体间的交流与互动，引导各类主体打破"熟人网络"，增强对农技推广机构的信任程度，扩展异质性网络规模，促进更有价值技术信息的不断进入与更新。其次，可在同质性网络中寻找潜在的连接点，并借助同质性网络间的互惠信任机制构建连接桥，发展异质性关系网络，使信息突破圈层限制进行传播。

第四节 培植内生动力

一、重视多渠道的技术宣传、培训，提高各类主体的技术认知程度

实证结果表明，技术认知是促进新型经营主体与传统农户技术采用的关键内因，技术培训是提升技术认知程度的重要途径。此外，技术采用对不同类型决策主体的经济效益均有实质性的提升效果，且集成采用的提升效果更佳，而技术采用效果往往决定着采用能否持续以及技术能否在区域范围内进一步扩散。因此，为切实有效地提升不同类型决策主体的技术采用程度，有必要开展多渠道、多形

式的技术培训工作和技术宣传工作，提高各类主体的科技素养，提振各类主体的采用信心。

第一，应创新农业技术培训模式，加大技术培训力度。具体地，可开展逐级、分类培训，尽可能地提高技术培训的有效性。首先，可充分利用农业科技园区的科技与人才积累，依托职业技能培训学校，为入驻园区的涉农企业及高素质农户定期开展专业的技术培训，引导其熟练掌握技术原理与方法，提升其对技术采用问题的解决能力，培养出理论知识扎实、实践经验丰富的新型职业农民。其次，引导此类群体深入基层开展各种形式的技术培训与指导，凭借其在社会网络中的关键地位，消除其他受众对新技术的戒备心理，提高其对新技术的认知程度。

第二，应丰富技术信息宣传媒介，加大技术宣传力度。一方面，可通过广播、电视、科普资料、科普讲座、示范基地、行业会议、技术员下乡等渠道开展线下技术信息宣传，并将短视频平台、资讯平台、微信、微博等线上渠道作为线下渠道的补充，开展全方位、多形式的技术信息宣传工作，使广大受众充分了解改良技术；另一方面，可借助多媒体及互联网等途径，广泛宣传技术采用及集成采用的潜在效果，引导各类主体对创新技术进行集成采用，实现技术采用效用的最大化，或可引导典型主体进行技术采用效果的主动宣传，通过口碑效应激发各类主体的采用积极性。

第三，应对不同类型决策主体开展不同形式的技术宣传与培训工作。具体地，对于科技素养较高的新型经营主体，应保证定期的集中培训，以理论知识培训为主，辅以实际操作展示，使其充分全面地掌握新技术原理；对于科技素养有限的传统农户，集中培训及发放资料的宣传效果均不理想，应简化培训流程，更多地采取面对面的形式开展通俗化的技术培训，将理论知识转化为实际操作，便于传统农户理解。同时，对于不愿参加技术培训的传统农户可采取一定的激励措施。

二、加大人力资本培育的投入力度，提高各类主体的技术接受能力

风险态度显著正向作用于新型经营主体与传统农户的技术需求强度与技术采

用行为，风险偏好者往往更乐于接受新鲜事物，也更愿意采用并采用多项新技术。因此，在园区技术扩散中，有必要完善风险分散机制，提升各类主体的风险承担能力与技术接受能力。具体地，可通过人力资本培育、组织化经营发展、风险知识普及等途径实现：

第一，可加大对人力资本的培育力度。新型经营主体决策者的文化程度相对较高，应注重对其经营、管理能力的系统培训，将其打造成懂技术、能管理、善经营的专业经理人；传统农户文化程度相对有限，接受技术与应用技术的能力较差，应在普及与巩固九年义务教育的基础上，通过远程网络、广播电视等教育形式发展成人教育或职业教育，提高其整体文化素质，提高其对新技术的理解与接受能力。

第二，鼓励组织化、规模化生产经营，构建风险分担机制，降低不同类型决策主体技术采用的潜在风险，进而刺激其技术需求强度与技术采用程度的提高。具体地，可引导新型经营主体参与订单农业实现与市场的有效对接，引导传统农户加入合作社提升组织化程度；鼓励发展适度规模经营，通过经营规模的扩大来增强抵御风险能力，进而强化各类主体的技术接受能力。

第三，可积极开展风险管理培训，加强对农业生产过程中各类风险的知识普及，加大对相关农业保险的宣传力度，促使各类决策主体正确理解技术采用过程中的各类风险，提升其风险认知水平，培养其风险管理意识，进而增强其技术采用信心。

第十章 结论与展望

一、主要结论

本书以行为地理学、经济地理学、农业经济学及系统科学等学科理论为指导，构建了基于新型经营主体技术采用行为的园区技术扩散系统研究框架，以宁夏吴忠国家农业科技园区为实证案例，采用 GIS 空间可视化表达、引力模型、有序 Logit 模型、有序 Probit 模型、Heckman 两阶段模型及多项内生转换回归模型等方法，划定了园区的技术扩散空间，识别了园区技术扩散的空间特征，分析了园区技术扩散空间内新型经营主体的技术需求意愿、技术采用决策及技术采用效应，构建了基于新型经营主体技术采用行为的园区技术扩散系统动力学模型，仿真模拟了不同政策情景下的新型经营主体技术采用行为变化情况，提出了促进园区技术扩散和各类主体技术采用的对策与建议。主要结论如下：

（1）评价了宁夏县域农业技术扩散环境水平，划定了吴忠国家农业科技园区技术扩散空间，识别了宏观尺度下的园区技术扩散空间特征。结果表明：宁夏县域技术扩散环境水平整体呈"北高南低"的空间格局，低水平地区在区位条件、地形地势、自然资源及经济条件等方面处于劣势；宏观尺度下的吴忠国家农业科技园区技术扩散呈现出扩展扩散和等级扩散相结合的空间特征，即技术扩散总体上遵循距离衰减规律，以扩散源为核心向邻近地区连续蔓延，但局部会克服距离阻碍，优先向高水平地区扩散；良好的扩散环境及畅通的扩散通道是推动园区技术扩散的重要前提。

(2) 梳理了不同类型决策主体的技术需求强度及需求优先序，并分析了影响不同类型决策主体技术需求强度的影响因素。结果表明：调研样本对新技术的需求普遍较高，但不同类型决策主体的技术需求强度存在明显差异。新型经营主体较传统农户有更强烈的新技术需求，养殖主体较种植主体有更高的新技术需求，农业企业较农民合作社和家庭农场有更高的新技术需求；农业信息技术与改进设施装备是新型经营主体最迫切需求的技术类型，传统农户对传统改良技术的需求度最高；风险态度、经营规模、海拔高度、辐射圈层、园区感知、园区服务质量、信贷条件、补贴力度、培训强度、信息渠道及非正式网络对养殖主体的技术需求强度有显著影响；性别、文化程度、风险态度、经营规模、订单农业、园区服务强度、园区服务质量、政府补贴、信息渠道及异质性网络对种植主体的技术需求强度有显著影响；年龄、文化程度、种植经验、风险态度、经营规模、到县城距离、园区服务强度、信贷条件、政府补贴、补贴力度、培训强度、信息渠道及组织参与显著作用于传统农户的技术需求强度。

(3) 揭示了不同类型决策主体技术采用的空间分异特征，揭示了微观尺度下的园区技术扩散空间效应。结果表明：技术采用率和完全采用率均呈现出新型经营主体高于传统农户、养殖主体高于种植主体、一级辐射区高于二级辐射区的特征；园区不同属性技术的空间扩散效应具有显著差异，奶牛健康养殖技术在扩散过程中存在明显的"邻近效应"，距离农业科技园区越远，扩散效果越差，设施蔬菜种植技术扩散则更易受到"等级效应"的影响，技术扩散环境水平高的地区，更易接受设施蔬菜种植技术的扩散。

(4) 剖析了影响不同类型决策主体技术采用行为的影响因素。结果表明：决策主体特征和外部环境特征共同影响着新型经营主体和传统农户的技术采用行为，但不同因素对于不同类型决策主体的影响方向及影响程度存在显著差异；技术认知、经营规模、订单农业、海拔高度、辐射圈层、园区感知、服务质量、信贷条件、补贴力度、培训强度及同质性网络等因素是影响养殖主体技术采用程度的主要因素；年龄、风险态度、技术认知、经营规模、园区服务质量、信贷条件、政府补贴、培训强度、信息渠道及同质性网络等因素对种植主体的技术采用程度有显著的积极作用，订单农业和到县城距离对其有显著的负效应；年龄、风险态度、技术认知、信贷条件、政府补贴及同质性网络对传统农户的采用决策及采用程度均有显著的正向影响，种植经验负向作用于传统农户的采用决策和采用程度。除此之外，性别、文化程度、园区感知、园区服务质量及组织参与还对传统农户的采用决策有显著影响，感知有用、到县城距离、园区服务强度、补贴力度、培训强度及信息渠道还对传统农户的采用程度有显著影响。

（5）考察了技术采用对不同类型决策主体的增收潜力，并检验了集成采用对不同类型决策主体经济效益的提升效果。结果表明：与未采用技术的主体相比，技术采用可显著提升各类主体的经济效益，但这一增收效应在不同类型决策主体中存在明显异质性，其可使养殖主体的日均单产增加17.00%，可使种植主体的亩均收益提高14.68%，可使传统农户的亩均收益提高16.78%；与仅采用一项技术相比，集成采用多种技术可有效提升各类主体的经济效益，其中，养殖主体集成采用三种技术获益最多，种植主体集成采用两种技术获益最多。对于传统农户而言，集成采用三种技术可使其亩均收益显著提高；描述性统计分析对各类主体技术集成采用效应的估计均存在明显偏差。

（6）构建了基于新型经营主体技术采用行为的农业科技园区技术扩散系统动力学模型，仿真模拟了不同政策情景下的新型经营主体技术采用行为变化情况。结果表明：基于新型经营主体技术采用行为的园区技术扩散系统是由多因素共同作用而成的动态复杂系统，多种变量的协同作用可有效加速技术的扩散过程，促进新型经营主体的技术采用和完全采用；在保持其余参数值不变的条件下，单独改变一项参数值会对新型经营主体技术采用行为带来不同程度的影响。其中，园区推广在决定采用阶段的作用效果最强，政策支持在完全采用阶段起到关键作用；园区服务质量、农业补贴政策及信贷支持政策对决定采用阶段的提升效果最强，同质性网络传播、园区服务质量及农业补贴政策则对完全采用阶段的提升效果最强；系统内所有政策的组合作用对新型经营主体技术采用行为有极显著的促进效果，园区推广与政策支持的组合作用是加速园区技术扩散、促进决定采用量增加的重要途径，政策支持与社会网络是促进新型经营主体对技术完全采用的重要政策组合。

（7）提出了促进农业科技园区技术扩散和技术采用的对策与措施。主要围绕优化推广模式、强化政策支撑、畅通信息渠道和培植内生动力四个方面提出对策和建议。在优化推广模式方面，应完善需求导向下的技术推广策略，增强园区技术推广的针对性，建立健全多样化的技术服务体系，提高园区技术服务的有效性；在强化政策支撑方面，应加大对技术采用的政府补贴力度，提升各类主体的采用积极性，加强对技术采用的金融信贷支持，增强对各类主体的经济诱导；在畅通信息渠道方面，应加强多维社会网络的建设与培育，推动信息传播途径的多元化，充分发挥同质性网络的示范作用，强化异质性网络的引导作用；在培植内生动力方面，应重视多渠道的技术宣传、培训，提高各类主体的技术认知程度；加大人力资本培育的投入力度，提高各类主体的技术接受能力。

二、研究展望

本书对农业科技园区技术扩散背景下的新型经营主体技术采用行为进行了系统研究，得到了一些有价值的结论，但囿于时间、精力、数据及篇幅等主客观因素限制，研究中仍有诸多不足之处，需在以下三个方面进行完善：

第一，受限于资料获取情况，在空间维度分析上，本书仅考察了县域尺度下的新型经营主体技术采用行为空间分异特征，具有一定的局限性。后续研究可扩大观测范围或细化研究尺度，对农业科技园区技术扩散的空间过程及新型经营主体技术采用行为的空间分异特征进行更深层次的刻画。

第二，样本区新型经营主体尚处于发展阶段，成熟的新型经营主体数量不多，且相关数据的采集难度较大，导致与605份的传统农户样本量相比，新型经营主体的样本量相对有限，仅285份。在这有限的新型经营主体样本中，种植主体和养殖主体未采用新技术的样本数分别为19份和4份，不满足"采用决策"阶段回归的样本量需求，导致新型经营主体技术采用行为影响因素分析模型仅考虑了"采用程度"阶段。因此，后续应持续跟踪收集更多的新型经营主体相关数据，扩大样本范围，并借助Heckman两阶段模型进行验证，增强结论的可靠性。

第三，本书借助系统动力学模型模拟不同政策情景下新型经营主体技术采用行为的动态变化情况，一方面，受数据限制，模型参数的设定具有一定的主观性，例如，核心辅助变量对第一阶段的影响系数缺失，由笔者根据调研情况估计产生；另一方面，为简化模型，系统中所有参数均被设置为同一量纲，这虽符合系统动力学模型的建模原理，但与实际研究问题存在一定偏差。因此，今后需围绕这两方面问题，可开展更精细化的研究，加强系统动力学模型中参数设定的客观性和准确性，以提高系统的模拟仿真精度和水平。

参考文献

[1] Arora A, Bansal S. Diffusion of Bt cotton in India: Impact of seed prices and varietal approval [J]. Applied Economic Perspectives and Policy, 2012, 34 (1): 102-118.

[2] Asrat S, Yesuf M, Carlsson F, et al. Farmers' preferences for crop variety traits: Lessons for on-farm conservation and technology adoption [J]. Ecological Economics, 2010, 69 (12): 2394-2401.

[3] Anugwa I Q, Onwubuya E A, Chah J M, et al. Farmers' preferences and willingness to pay for climate-smart agricultural technologies on rice production in Nigeria [J]. Climate Policy, 2022, 22 (1): 112-131.

[4] Ainembabazi J H, Van A P, Vanlauwe B, et al. Improving the speed of adoption of agricultural technologies and farm performance through farmer groups: Evidence from the great lakes region of Africa [J]. Agricultural Economics, 2017, 48 (2): 241-259.

[5] Alcon F, Miguel M D D, Burtonb M. Duration analysis of adoption of drip irrigation technology in southeastern spain [J]. Technological Forecasting & Social Change, 2011, 78 (6): 991-1001.

[6] Ali A, Hussain I, Rahut D B, et al. Laser-land leveling adoption and its impact on water use, crop yields and household income: Empirical evidence from the rice-wheat system of pakistan punjab [J]. Food Policy, 2018 (77): 19-32.

[7] Asfaw S, Shiferaw B, Simtowe F, et al. Impact of modern agricultural tech-

nologies on smallholder welfare: Evidence from tanzania and ethiopia [J]. Food Policy, 2012, 37 (3): 283-295.

[8] Abdulai A, Huffman W. The adoption and impact of soil and water conservation technology: An endogenous switching regression application [J]. Land Economics, 2014, 90 (1): 26-43.

[9] Ali E. Farm households' adoption of climate-smart practices in subsistence agriculture: Evidence from northern togo [J]. Environmental Management, 2021, 67 (5): 949-962.

[10] Berry G J L. Essays on commodity flows and the spatial structure of the indian economy [J]. University of Chicago, Department of Geography, 1966 (11): 334-356.

[11] Bahinipati C S, Viswanathan P K. Incentivizing resource efficient technologies in India: Evidence from diffusion of micro-irrigation in the dark zone regions of gujarat [J]. Land Use Policy, 2019 (86): 253-260.

[12] Becerril J, Abdulai A. The impact of improved maize varieties on poverty in Mexico: A propensity score-matching approach [J]. World Development, 2010, 38 (7): 1024-1035.

[13] Bopp C, Engler A, Poortvliet P M, et al. The role of farmers' intrinsic motivation in the effectiveness of policy incentives to promote sustainable agricultural practices [J]. Journal of Environmental Management, 2019, 244 (1): 320-327.

[14] Birhanu M Y, Girma A, Puskur R. Determinants of success and intensity of livestock feed technologies use in Ethiopia: Evidence from a positive deviance perspective [J]. Technological Forecasting and Social Change, 2017 (115): 15-25.

[15] Bourguignon F, Fournier M, Gurgand M. Selection bias corrections based on the multinomial Logit model: Monte carlo comparisons [J]. Journal of Economic Surveys, 2007, 21 (1): 174-205.

[16] Casetti E, Semple R K. Concerning the testing of spatial diffusion hypotheses [J]. Geographical Analysis, 1969 (1): 9-154.

[17] Chan K F, Lau T. Assessing technology incubator programs in the science

park: The good, the bad and the ugly [J]. Technovation, 2005, 25 (10): 1215-1228.

[18] Chan K A, Oerlemans L A G, Pretorius M W. Knowledge exchange behaviors of science park firms: The innovation hub scene [J]. Technology Analysis & Strategic Management, 2010, 22 (2): 207-228.

[19] Calatrava L J, Franco M J A, González R M C. Analysis of the adoption of soil conservation practices in olive groves: The case of mountainous areas in southern spain [J]. Spanish Journal of Agricultural Research, 2007 (5): 249-258.

[20] Doss C R. Analyzing technology adoption using micro studies: Limitations, challenges, and opportunities for improvement [J]. Agricultural Economics, 2006 (5): 207-219.

[21] Dadi L, Burton M, Ozanne A. Duration analysis of technological adoption in ethiopian agriculture [J]. Journal of Agricultural Economics, 2004, 55 (3): 613-631.

[22] De Souza Filho H M, Young T, Burton M P. Factors influencing the adoption of sustainable agricultural technologies [J]. Technological Forecasting & Social Change, 1999, 60 (2): 97-112.

[23] Deressa T T, Hassan R M, Ringler C, et al. Determinants of farmers' choice of adaptation methods to climate change in the nile basin of ethiopia [J]. Global Environmental Change, 2009, 19 (2): 248-255.

[24] Ehiakpor D S, Danso-Abbeam G, Mubashiru Y. Adoption of interrelated sustainable agricultural practices among smallholder farmers in ghana [J]. Land Use Policy, 2021 (101): 105142.

[25] Dimara E, Skuras D. Adoption of agricultural innovations as a two-stage partial observability process [J]. Agricultural Economics, 2003 (28): 187-196.

[26] Derwisch S, Morone P, Troger K, et al. Investigating the drivers of innovation diffusion in a low income country context: The case of adoption of improved maize seed in malawi [J]. Futures, 2016 (81): 161-175.

[27] Felsenstein D. University-related science parks, seedbeds or enclaves of in-

novation [J]. Technovation, 1994 (14): 93-110.

[28] Feder G, Slade R. The role of public policy in the diffusion of improved agricultural technology [J]. American Journal of Agricultural Economics, 1985, 67 (2): 423-428.

[29] Fanelli V, Maddalena L. A time delay model for the diffusion of a new technology [J]. Nonlinear Analysis: Real World Applications, 2012, 13 (2): 643-649.

[30] Feder G, Just R, Zilberman D. Adoption of agricultural innovations in developing countries: A survey [J]. Economic Development and Cultural Change, 1985, 33 (2): 255-298.

[31] Griliches Z. Hybrid Corn: An exploration in the economics of technological change [J]. Econometrica, 1957 (25): 501-522.

[32] Ghadim A, Pannell D J, Burton M P. Risk, uncertainty, and learning in adoption of a crop innovation [J]. Agricultural Economics, 2005, 33 (1): 1-9.

[33] Granovetter M. The impact of social structure on economic outcomes [J]. Journal of Economic Perspectives, 2005, 19 (1): 33-50.

[34] Hägerstrand T. The propagation of innovation waves [J]. Lund studies in Geography, Human Geography, 1952 (4): 3-19.

[35] Hägerstrand T. Innovation as a spatial process [M]. Chicago: University of Press, 1967.

[36] Hunecke C, Engler A, Jara-Rojas R, et al. Understanding the role of social capital in adoption decisions: An application to irrigation technology [J]. Agricultural Systems, 2017 (153): 221-231.

[37] Schaak H, Mußhoff O. Understanding the adoption of grazing practices in german dairy farming [J]. Agricultural Systems, 2018 (165): 230-239.

[38] Khoy R, Nanseki T, Chomei Y, et al. Analysis of demands for farming technologies and appropriate transfer methods of rice farmers in ibague, tolima, colombia [J]. Journal- Faculty of Agriculture Kyushu University, 2017, 62 (1): 245-253.

[39] Kallas Z, Serra T, Gil J. Farmers' objectives as determinants of organic farming adoption: The case of catalonian vineyard production [J]. Agricultural Economics, 2010, 41 (5): 409-423.

[40] Kassie M, Shiferaw B, Muricho G. Agricultural technology, crop income, and poverty alleviation in uganda [J]. World Development, 2011, 39 (10): 1784-1795.

[41] Khonje M G, Julius M, Petros M, et al. Adoption and welfare impacts of multiple agricultural technologies: Evidence from eastern zambia [J]. Agricultural Economics, 2018, 49 (5): 599-609.

[42] Kpadonou R, Owiyo T, Barbier B, et al. Advancing climate-smart-agriculture in developing drylands: Joint analysis of the adoption of multiple on-farm soil and water conservation technologies in west african sahel [J]. Land Use Policy, 2017 (61): 196-207.

[43] Kassie M, Teklewold H, Marenya P, et al. Production risks and food security under alternative technology choices in Malawi: Application of a Multinomial Endogenous switching regression [J]. Journal of Agricultural Economics, 2015, 66 (3): 640-659.

[44] Kassie M, Marenya P, Tessema Y, et al. Measuring farm and market level economic impacts of improved maize production technologies in Ethiopia: Evidence from panel data [J]. Journal of Agricultural Economics, 2018, 69 (1): 76-95.

[45] Kebede Y, Gunjal K, Coffin G. Adoption of new technologies in ethiopian agriculture: The case of tegulet-bulga district shoa province [J]. Land Use Policy, 1990, 4 (1): 27-43.

[46] Kassie M, Teklewold H, Jaleta M, et al. Understanding the adoption of a portfolio of sustainable intensification practices in eastern and southern africa [J]. Land Use Policy, 2015 (42): 400-411.

[47] Koppmair S, Kassie M, Qaim M. The influence of farm input subsidies on the adoption of natural resource management technologies [J]. Australian Journal of Agricultural and Resource Economics, 2017, 61 (4): 539-556.

[48] Kassie M, Jaleta M, Shiferaw B, et al. Adoption of interrelated sustainable agricultural practices in smallholder systems: Evidence from rural tanzania [J]. Technological Forecasting & Social Change, 2013, 80 (3): 525-540.

[49] Lewin K. Field theory in social science [J]. British Journal of Sociology, 1952, 3 (4): 371-372.

[50] Liberati D, Marinucci M, Tanzi G M. Science and technology parks in italy: Main features and analysis of their effects on the firms hosted [J]. The Journal of Technology Transfer, 2016, 41 (4): 694-729.

[51] Lamperti F, Mavilia R, Castellini S. The role of Science Parks: A puzzle of growth, innovation and R&D investments [J]. The Journal of Technology Transfer, 2017, 42 (1): 158-183.

[52] Läpple D. Adoption and abandonment of organic farming: An empirical investigation of the irish drystock sector [J]. Journal of Agricultural Economics, 2010, 61 (3): 697-714.

[53] Lin J Y. Education and innovation adoption in agriculture: Evidence from hybrid rice in china [J]. American Journal of Agricultural Economics, 1991, 73 (3): 713-723.

[54] Lalani B, Dorward P, Holloway G, et al. Smallholder farmers' motivations for using conservation agriculture and the roles of yield, labour and soil fertility in decision making [J]. Agricultural Systems, 2016 (146): 80-90.

[55] Li W, Xue C X, Yao S B, et al. The adoption behavior of households' conservation tillage technology: An empirical analysis based on data collected from 476 households on the loess plateau [J]. Chinese Rural Economy, 2017 (1): 44-57+94-95.

[56] Liu D, Xiao B. Exploring the development of electric vehicles under policy incentives: A scenario-based system dynamics model [J]. Econocnetrica, 2018 (120): 8-23.

[57] Mansfield E. Technical change and the rate of innovation [J]. Econometrica, 1961 (29): 66-741.

[58] Morrill R L. The shape of diffusion in space and time [J]. Economic Geography, 1970 (46): 68-259.

[59] Mian S A. Assessing and managing the university technology business incubator: An integrative framework [J]. Journal of Business Venturing, 1997, 12 (5): 251-285.

[60] Moser C M, Barrett C B. The complex dynamics of smallholder technology adoption: The case of SRI in madagascar [J]. Agricultural Economics, 2006, 35 (3): 373-388.

[61] Mishra A K, Khanal A R, Pede V O. Is direct seeded rice a boon for economic performance? Empirical evidence from india [J]. Food Policy, 2017 (73): 10-18.

[62] Manda J, Alene A D, Tufa A H, et al. The poverty impacts of improved cowpea varieties in Nigeria: A counterfactual analysis [J]. World Development, 2019 (122): 261-271.

[63] Manda J, Alene A D, Gardebroek C, et al. Adoption and impacts of sustainable agricultural practices on maize yields and incomes: Evidence from rural zambia [J]. Journal of Agricultural Economics, 2016, 67 (1): 891-896.

[64] Martey E, Maxwell P E, Abdoulaye T. Welfare impacts of climate-smart agriculture in Ghana: Does row planting and drought-tolerant maize varieties matter [J]. Land Use Policy, 2020 (95): 104622.

[65] Marenya P P, Gebremariam G, Jaleta M, et al. Sustainable intensification among smallholder maize farmers in Ethiopia: Adoption and impacts under rainfall and unobserved heterogeneity [J]. Food Policy, 2020 (95): 101941.

[66] Marenya P P, Barrett C B. Household-level determinants of adoption of improved natural resources management practices among smallholder farmers in western kenya [J]. Food Policy, 2007, 32 (4): 515-536.

[67] Micheels E T, Nolan J F. Examining the effects of absorptive capacity and social capital on the adoption of agricultural innovations: A canadian prairie case study [J]. Agricultural Systems, 2016 (145): 127-138.

[68] Martey E, Kuwornu J. Perceptions of climate variability and soil fertility management choices among smallholder farmers in northern ghana [J]. Ecological Economics, 2021 (180): 106870.

[69] Midingoyi S G, Kassie M, Muriithi B, et al. Do farmers and the environment benefit from adopting integrated pest management practices? Evidence from kenya [J]. Journal of Agricultural Economics, 2019, 70 (2): 452-470.

[70] Mangla S K, Kazancoglu Y, Ekinci E, et al. Using system dynamics to analyze the societal impacts of blockchain technology in milk supply chainsrefer [J]. Transportation Research Part E: Logistics and Transportation Review, 2021, 149 (9): 102289.

[71] Nasibeh P, Nader N, Farahnaz R. Factors affecting commercialization of agricultural innovation in kermanshah science and technology park, iran [J]. International Journal of Agricultural Management and Development, 2017, 7 (1): 121-132.

[72] Nazli H, Smale M. Dynamics of variety change on wheat farms in pakistan: A duration analysis [J]. Food Policy, 2016 (59): 24-33.

[73] Ndiritu S W, Kassie M, Shiferaw B. Are there systematic gender differences in the adoption of sustainable agricultural intensification practices? Evidence from kenya [J]. Food Policy, 2014 (49): 117-127.

[74] Noltze M, Schwarze S, Qaim M. Understanding the adoption of systemic innovations in smallholder agriculture: The system of rice intensification (SRI) in timor leste [J]. Agricultural Systems, 2012 (108): 64-73.

[75] Mahajan V, Peterson R A. Innovation diffusion in a dynamic potential adopter population [J]. Management Science, 1978, 24 (15): 1589-1597.

[76] Bhargava S C, Kumar A, Mukherjee A. Stochastic cellular automata model of innovation diffusion [J]. Technological Forecasting and Social Change, 1993 (44): 87-97.

[77] Pratt O J, Wingenbach G. Factors affecting adoption of green manure and cover crop technologies among paraguayan smallholder farmers [J]. Agroecology and

Sustainable Food Systems, 2016, 40 (10): 1043-1057.

[78] Pham H G, Chuah S H, Feeny S. Factors affecting the adoption of sustainable agricultural practices: Findings from panel data for vietnam [J]. Ecological Economics, 2021, 184 (5): 107000.

[79] Ryan B, Gross N C. Acceptance and diffusion of hybrid corn seed in two Iowa communities [J]. Journal of the Electrochemical Society, 1943, 116 (3): 323-328.

[80] Rogers E M. Diffusion of innovation [M]. New York: Free Press of Glencoe, 1962.

[81] Reinker M, Gralla E. A system dynamics model of the adoption of improved agricultural inputs in uganda, with insights for systems approaches to development [J]. Systems, 2018, 6 (3): 31.

[82] Siebert H. Regional and urban economics [M]. London: Penguin Books, 1969.

[83] Sánchez-Toledano B, Kallas Z, Gil J. Farmer preference for improved corn seeds in Chiapas, Mexico: A choice experiment approach [J]. Spanish Journal of Agricultural Research, 2017, 15 (3): e0116.

[84] Shaikh N I, Rangaswamy A, Balakrishnan A. Modeling the diffusion innovations using samll-word network [R]. University of Kiel, Kiel, Germany, Working Paper, 2005.

[85] Sterman J D. Business dynamics: Systems thinking and modeling for a complex world [M]. Boston, MA: Irwin McGraw-Hill, 2000.

[86] Tesfaye W, Tirivayi N. The impacts of post harvest storage innovations on food security and welfare in ethiopia [J]. Food Policy, 2018 (75): 52-67.

[87] Teklewold H, Kassie M, Shiferaw B, et al. Cropping system diversification, conservation tillage and modern seed adoption in Ethiopia: Impacts on household income, agrochemical use and demand for labor [J]. Ecological Economics, 2013 (93): 85-93.

[88] Teklewold H, Kassie M, Shiferaw B. Adoption of multiple sustainable agri-

cultural practices in rural ethiopia [J]. Journal of Agricultural Economics, 2013, 64 (3): 597-623.

[89] Thinda K T, Ogundeji A A, Belle J A, et al. Understanding the adoption of climate change adaptation strategies among smallholder farmers: Evidence from land reform beneficiaries in south africa [J]. Land Use Policy, 2020 (99): 104858.

[90] Tambo J A, Mockshell J. Differential impacts of conservation agriculture technology options on household income in Sub-saharan africa [J]. Ecological Economics, 2018 (151): 95-105.

[91] Teklewold H, Gebrehiwot T, Bezabih M. Climate smart agricultural practices and gender differentiated nutrition outcome: An empirical evidence from ethiopia [J]. World Development, 2019 (122): 38-53.

[92] Thuo M, Bell A A, Bravo-Ureta B E, et al. Effects of social network factors on information acquisition and adoption of improved groundnut varieties: The case of uganda and kenya [J]. Agriculture and Human Values, 2014, 31 (3): 1-15.

[93] Wilson A G. A statistical theory of spatial distribution models [J]. Transportation Res, 1967, 1 (3): 253-269.

[94] Wallsten S. Do science parks generate regional economic growth? An empirical analysis of their effects on job growth and venture capital [J]. Joint Center for Regulatory Studies Working Paper, 2004 (4): 1-17.

[95] Wassie A, Pauline N. Evaluating smallholder farmers' preferences for climate smart agricultural practices in Tehuledere District, northeastern ethiopia [J]. Singapore Journal of Tropical Geography, 2018, 39 (3): 300-316.

[96] Watts D J, Strogatz S H. Collective dynamics of small-world networks [J]. Nature, 1998, 6684 (393): 440-442.

[97] Wainaina P, Tongruksawattana S, Qaim M. Tradeos and complementarities in the adoption of improved seeds, fertilizer, and natural resource management technologies in kenya [J]. Agricultural Economics, 2016 (47): 351-362.

[98] Yigezu Y A, Alwang J, Rahman M W, et al. Is DNA fingerprinting the gold standard for estimation of adoption and impacts of improved lentil varieties? [J].

Food Policy, 2018 (83): 48-59.

[99] Zeweld W, Van Huylenbroeck G, Tesfay G, et al. Smallholder farmers' behavioural intentions towards sustainable agricultural practices [J]. Journal of Environmental Management, 2017 (187): 71-81.

[100] 陈阜, 王喆. 我国农业科技园区的特征与发展方向 [J]. 农业现代化研究, 2002 (2): 133-136.

[101] 蔡丽茹, 吴昕晖, 杜志威. 环境友好型农业技术扩散的时空演化与影响因素——基于社会网络视角 [J]. 地理研究, 2022, 41 (1): 63-78.

[102] 柴彦威. 行为地理学研究的方法论问题 [J]. 地域研究与开发, 2005 (2): 1-5.

[103] 柴彦威, 颜亚宁, 冈本耕平. 西方行为地理学的研究历程及最新进展 [J]. 人文地理, 2008, 23 (6): 1-6+59.

[104] 柴彦威, 沈洁. 基于活动分析法的人类空间行为研究 [J]. 地理科学, 2008 (5): 594-600.

[105] 陈国宏, 王吓忠. 技术创新、技术扩散与技术进步关系新论 [J]. 科学学研究, 1995 (4): 68-73.

[106] 陈嘉, 韦素琼, 陈松林. 中国台商农业技术时空扩散的格局、路径与机制——以福建省漳浦县为例 [J]. 地理科学, 2019, 39 (6): 957-966.

[107] 陈雪婷, 黄炜虹, 齐振宏, 等. 生态种养模式认知、采纳强度与收入效应——以长江中下游地区稻虾共作模式为例 [J]. 中国农村经济, 2020 (10): 71-90.

[108] 蔡荣, 汪紫钰, 刘婷. 节水灌溉技术采用及其增产效应评估——以延津县 318 户胡萝卜种植户为例 [J]. 中国农业大学学报, 2018, 23 (12): 166-175.

[109] 杜德斌. 跨国公司 R&D 全球化的区位模式研究 [M]. 上海: 复旦大学出版社, 2001.

[110] 傅家骥. 技术创新学 [M]. 北京: 企业管理出版社, 1992.

[111] 方维慰, 李同昇. 农业技术空间扩散环境的分析与评价 [J]. 科技进步与对策, 2006 (11): 48-50.

[112] 郭庆海. 新型农业经营主体功能定位及成长的制度供给 [J]. 中国农村经济, 2013 (4): 4-11.

[113] 高焕喜. 农业科技示范园区的功能与机制 [J]. 中国农村经济, 2000 (10): 30-33.

[114] 耿宇宁, 郑少锋, 陆迁. 经济激励、社会网络对农户绿色防控技术采纳行为的影响——来自陕西猕猴桃主产区的证据 [J]. 华中农业大学学报（社会科学版）, 2017 (6): 59-69+150.

[115] 黄祖辉, 俞宁. 新型农业经营主体：现状、约束与发展思路——以浙江省为例的分析 [J]. 中国农村经济, 2010 (10): 16-26+56.

[116] 黄宗智. 华北的小农经济与社会变迁 [M]. 北京：中华书局, 1986.

[117] 韩耀. 中国农户生产行为研究 [J]. 经济纵横, 1995 (5): 29-33.

[118] 何可, 张俊飚, 丰军辉. 自我雇佣型农村妇女的农业技术需求意愿及其影响因素分析——以农业废弃物基质产业技术为例 [J]. 中国农村观察, 2014 (4): 84-94.

[119] 贺志武, 胡伦, 陆迁. 农户风险偏好、风险认知对节水灌溉技术采用意愿的影响 [J]. 资源科学, 2018, 40 (4): 797-808.

[120] 胡伦, 陆迁. 干旱风险冲击下节水灌溉技术采用的减贫效应——以甘肃省张掖市为例 [J]. 资源科学, 2018, 40 (2): 417-426.

[121] 黄腾, 赵佳佳, 魏娟, 等. 节水灌溉技术认知、采用强度与收入效应——基于甘肃省微观农户数据的实证分析 [J]. 资源科学, 2018, 40 (2): 347-358.

[122] 黄晓慧, 陆迁, 王礼力. 资本禀赋、生态认知与农户水土保持技术采用行为研究——基于生态补偿政策的调节效应 [J]. 农业技术经济, 2020 (1): 33-44.

[123] 何可, 张俊飚, 田云. 家庭生命周期、人口学特征与劳动节约型技术需求——基于582户农民的调查 [J]. 软科学, 2013, 27 (8): 118-122.

[124] 胡海华. 社会网络强弱关系对农业技术扩散的影响——从个体到系统的视角 [J]. 华中农业大学学报（社会科学版）, 2016 (5): 47-54+144-145.

[125] 黄炎忠, 罗小锋, 唐林, 等. 绿色防控技术的节本增收效应——基于

长江流域水稻种植户的调查［J］．中国人口·资源与环境，2020，30（10）：174-184．

［126］蒋和平．我国农业科技园区特点和类型分析［J］．中国农村经济，2000（10）：23-29．

［127］蒋和平，王有年，孙炜琳．农业科技园的建设理论与模式探索［M］．北京：气象出版社，2002．

［128］蒋和平，孙炜琳．农业科技园区综合评价指标体系研究［J］．农业技术经济，2002（6）：21-25．

［129］旷浩源．农村社会网络与农业技术扩散的关系研究——以G乡养猪技术扩散为例［J］．科学学研究，2014，32（10）：1518-1524．

［130］李季．农业技术扩散过程及其评述［J］．农业现代化研究，1997（1）：21-23．

［131］刘笑明．农业科技园区技术扩散研究［M］．北京：中国财政经济出版社，2013．

［132］李同昇，罗雅丽．农业科技园区的技术扩散［J］．地理研究，2016，35（3）：419-430．

［133］刘丽．资源禀赋对农户水土保持耕作技术采用的影响研究［D］．西北农林科技大学博士学位论文，2020．

［134］林毅夫．小农与经济理性［J］．农村经济与社会，1988（3）：31-33．

［135］刘淑娟．关中地区特色农业发展中农业技术需求意愿及其影响因素分析［D］．西北大学博士学位论文，2014．

［136］刘笑明，李同昇．农业技术创新扩散环境的定量化评价研究——以杨凌、关中地区为例［J］．地理科学，2008（5）：656-661．

［137］李树奎，李同昇．我国西北地区县域农业技术扩散环境的评价研究［J］．干旱区地理，2011（1）：179-186．

［138］李同昇，罗雅丽．杨凌示范区农业技术推广模式分析与优化途径［J］．西北大学学报（哲学社会科学版），2007（1）：11-15．

［139］李莹．互联网背景下农业科技园区技术扩散模式优化研究［D］．河南农业大学博士学位论文，2018．

[140] 刘战平. 农业科技园区技术推广机制与模式研究 [D]. 中国农业科学院博士学位论文, 2007.

[141] 刘笑明, 李同昇, 张建忠. 基于小麦良种的农业技术创新扩散研究 [J]. 农业系统科学与综合研究, 2011, 27 (2): 148-153.

[142] 李平. 技术扩散理论及实证研究 [M]. 太原: 山西经济出版社, 1999.

[143] 李普峰, 李同昇, 满明俊, 等. 农业技术扩散的时间过程及空间特征分析——以陕西省苹果种植技术为例 [J]. 经济地理, 2010, 30 (4): 647-651.

[144] 刘玉振, 周灿, 乔家君. 欠发达农区特色种植空间扩散研究——以河南省大营村为例 [J]. 经济地理, 2012, 32 (2): 116-120.

[145] 刘佛翔, 张丽君. 我国农业技术创新与扩散模式探讨 [J]. 农业现代化研究, 1999 (5): 294-297.

[146] 刘笑明, 李同昇. 农业技术创新扩散的国际经验及国内趋势 [J]. 经济地理, 2006 (6): 931-935+996.

[147] 李晓越. 扩散环境对农户技术采用行为的影响分析 [D]. 西北大学博士学位论文, 2015.

[148] 刘辉, 李小芹, 李同昇. 农业技术扩散的因素和动力机制分析——以杨凌农业示范区为例 [J]. 农业现代化研究, 2006, 27 (3): 178-181.

[149] 邓鑫, 张宽, 漆雁斌. 文化差异阻碍了农业技术扩散吗?——来自方言距离与农业机械化的证据 [J]. 中国经济问题, 2019 (6): 58-71.

[150] 李航飞, 韦素琼, 魏少彬. 农户视角下台湾农业技术在大陆扩散影响因素分析——以广东韶关粤台农业合作试验区兰花种植业为例 [J]. 自然资源学报, 2020, 35 (7): 1686-1698.

[151] 李平, 杨传喜, 张俊飚. 我国食用菌产业的农户技术需求分析 [J]. 中国科技论坛, 2010 (6): 132-136+142.

[152] 廖西元, 陈庆根, 王磊, 等. 农户对水稻科技需求优先序 [J]. 中国农村经济, 2004 (11): 36-43.

[153] 刘灵芝, 李田芳, 王雅鹏. 农户水禽养殖新技术采用意愿的影响因素分析 [J]. 农业现代化研究, 2016, 37 (6): 1114-1119.

[154] 刘战平，匡远配. 农民采用"两型农业"技术意愿的影响因素分析——以"两型社会"实验区为例 [J]. 农业技术经济，2012（6）：57-62.

[155] 刘丽，褚力其，姜志德. 技术认知、风险感知对黄土高原农户水土保持耕作技术采用意愿的影响及代际差异 [J]. 资源科学，2020，42（4）：763-775.

[156] 李后建. 农户对循环农业技术采纳意愿的影响因素实证分析 [J]. 中国农村观察，2012（2）：28-36+66.

[157] 陈玉萍，张嘉强，吴海涛，等. 资源贫瘠地区农户技术采用的影响因素分析 [J]. 中国人口·资源与环境，2010，20（4）：130-136.

[158] 李卫，薛彩霞，姚顺波，等. 农户保护性耕作技术采用行为及其影响因素：基于黄土高原476户农户的分析 [J]. 中国农村经济，2017（1）：44-57+94-95.

[159] 陈玉萍，吴海涛，陶大云，等. 基于倾向得分匹配法分析农业技术采用对农户收入的影响——以滇西南农户改良陆稻技术采用为例 [J]. 中国农业科学，2010，43（17）：3667-3676.

[160] 李曼，陆迁，乔丹. 技术认知、政府支持与农户节水灌溉技术采用——基于张掖甘州区的调查研究 [J]. 干旱区资源与环境，2017，31（12）：27-32.

[161] 李博伟，徐翔. 社会网络、信息流动与农民采用新技术——格兰诺维特"弱关系假设"的再检验 [J]. 农业技术经济，2017（12）：98-109.

[162] 李波，张俊飚，张亚杰. 贫困农户农业科技需求意愿及影响因素实证研究 [J]. 中国科技论坛，2010（5）：127-132.

[163] 李楠楠，李同昇，于正松，等. 基于Logistic-ISM模型的农户采用新技术影响因素——以甘肃省定西市马铃薯种植技术为例 [J]. 地理科学进展，2014，33（4）：542-551.

[164] 刘强，胡旭，李晓. 贫困地区农业科技需求影响因素分析——基于四川省贫困地区农户的调查数据 [J]. 中国农业资源与区划，2020，41（9）：112-118.

[165] 李容容，罗小锋，熊红利，等. 供需失衡下农户技术需求表达研究

[J].西北农林科技大学学报(社会科学版),2017,17(2):134-141.

[166] 罗小娟,冯淑怡,石晓平,等.太湖流域农户环境友好型技术采纳行为及其环境和经济效应评价——以测土配方施肥技术为例[J].自然资源学报,2013,28(11):1891-1902.

[167] 满明俊.西北传统农区农户的技术采用行为研究[D].西北大学博士学位论文,2010.

[168] 苗园园.定西农业科技园技术扩散机制与模式研究[D].西北大学博士学位论文,2015.

[169] 莫君慧,于正松.价值感知对农户技术采用倾向的影响及其条件响应——基于结构方程模型的实证[J].中国农业资源与区划,2020,41(5):238-245.

[170] 毛慧,曹光乔.作业补贴与农户绿色生态农业技术采用行为研究[J].中国人口·资源与环境,2020,30(1):49-56.

[171] 满明俊,李同昇,李树奎,等.技术环境对西北传统农区农户采用新技术的影响分析——基于三种不同属性农业技术的调查研究[J].地理科学,2010,30(1):66-74.

[172] 马永红,王展昭,李欢,等.网络结构、采纳者偏好与创新扩散:基于采纳者决策过程的创新扩散系统动力学模型仿真分析[J].运筹与管理,2016,25(3):106-116.

[173] 宁夏回族自治区人民政府官网.吴忠国家农业科技园区依托人才工作助推产业升级[EB/OL].(2016-9-19)[2021-7-6].https://www.nx.gov.cn/zwxx_11337/sxdt/201809/t20180919_1067153.html.

[174] 宁夏政协网.向着农业高质量发展阔步前进——访自治区政协委员吴忠国家农业科技园区技术研发推广部部长杨常新[EB/OL].(2016-9-19)[2021-7-6].http://www.nxzx.gov.cn/wyfc/202106/t20210629_411096.html.

[175] 彭斯,陈玉萍.农户绿色生产技术采用行为及其对收入的影响——以武陵山茶叶主产区为例[J].中国农业大学学报,2022,27(2):243-255.

[176] 乔丹,陆迁,徐涛.社会网络、推广服务与农户节水灌溉技术采用——以甘肃省民勤县为例[J].资源科学,2017,39(3):441-450.

[177] 乔丹，陆迁，徐涛．社会网络、信息获取与农户节水灌溉技术采用——以甘肃省民勤县为例［J］．南京农业大学学报（社会科学版），2017，17（4）：147-155+160．

[178] 人民号．吴忠国家农业科技园区谱写现代农业新曲［EB/OL］．(2020-4-3)［2021-7-6］．https：//rmh．pdnews．cn/Pc/ArtInfoApi/article？id=12549984．

[179] 盛亚．技术创新扩散与新产品营销［M］．北京：中国发展出版社，2002．

[180] ［英］保罗·斯通曼．技术变革的经济分析［M］．北京技术经济和管理现代化研究会技术经济学组译．北京：机械工业出版社，1989．

[181] 盛亚．技术创新扩散的学习论［J］．科技进步与对策，2004，21（1）：36-37．

[182] 陶佩君．社会化小农户的农业技术创新扩散研究［D］．天津大学博士学位论文，2007．

[183] 托路那依·买海买提，朱美玲．库车县棉农农业技术需求的影响因素研究［J］．中国农业资源与区划，2017，38（1）：24-30．

[184] 檀艺佳，张晖．订单农业促进了新型农业经营主体对农业技术的需求吗？［J］．农村经济，2021（7）：129-135．

[185] 唐博文，罗小锋，秦军．农户采用不同属性技术的影响因素分析——基于9省（区）2110户农户的调查［J］．中国农村经济，2010（6）：49-57．

[186] 王雅凤，郑逸芳，许佳贤，等．农业新技术扩散及其影响因素分析——基于福建省241份问卷调查数据［J］．湖南农业大学学报（社会科学版），2015，16（4）：42-47．

[187] 王武科，李同昇，刘笑明，等．农业科技园技术扩散的实证研究——以杨凌示范区为例［J］．经济地理，2008（4）：661-666．

[188] 魏江．产业集群：创新系统与技术学习［M］．北京：科学出版社，2003．

[189] 魏心镇．关于高技术产业及其园区发展的研究［J］．经济地理，1991（1）：6-11．

[190] 王缉慈．创新的空间——产业集群与区域发展［M］．北京：北京大

学出版社，2001.

[191] 王武科，李同昇，刘笑明．不同尺度下农业创新技术空间扩散的实证研究——以中国果业协会果业技术扩散为例［J］．人文地理，2009，24（1）：76-80.

[192] 吴雪莲．农户绿色农业技术采纳行为及政策激励研究——以湖北水稻生产为例［D］．华中农业大学博士学位论文，2016.

[193] 吴娜琳，李二玲，李小建．特色种植专业村空间扩散及影响因素分析——以河南省柘城县辣椒种植为例［J］．地理研究，2013，32（7）：1303-1315.

[194] 王济民，刘春芳，申秋红，等．我国农业科技推广体系主要模式评价［J］．农业经济问题，2009（2）：48-53+111.

[195] 王浩，刘芳．农户对不同属性技术的需求及其影响因素分析——基于广东省油茶种植业的实证分析［J］．中国农村观察，2012（1）：53-64.

[196] 王亦宁，李培蕾，谷树忠，等．基于永定河流域典型案例区的农业节水技术需求影响因素分析［J］．资源科学，2010，32（6）：1204-1212.

[197] 吴敬学，杨巍，张扬．中国农户的技术需求行为分析与政策建议［J］．农业现代化研究，2008（4）：421-425.

[198] 汪红梅，余振华．提高我国农业技术需求的有效途径——基于社会资本视角的分析［J］．农村经济，2009（10）：86-88.

[199] 王昭．农业科技园区可持续集约技术的扩散与采用研究［D］．西北大学博士学位论文，2021.

[200] 邬兰娅，齐振宏，黄炜虹．环境感知、制度情境对生猪养殖户环境成本内部化行为的影响——以粪污无害化处理为例［J］．华中农业大学学报（社会科学版），2017（5）：28-35+145.

[201] 王展昭，马永红，张帆．基于系统动力学方法的技术创新扩散模型构建及仿真研究［J］．科技进步与对策，2015，32（19）：13-19.

[202] 王亚娜．农民合作社农业信息技术采纳与吸收行为研究［D］．江苏大学博士学位论文，2020.

[203] 许越先．我国现代农业科技示范园的发展［J］．中国农业资源与区

划，2000（5）：4-7.

[204] 夏岩磊. 长三角农业科技园区建设成效多维评价 [J]. 经济地理，2018（4）：139-146.

[205] 谢玲红，吕开宇，夏英. 乡村振兴视角下农业科技园区绩效评价及提升方向——以106个国家农业科技园区为例 [J]. 中国科技论坛，2019（9）：162-172.

[206] 徐志刚，张骏逸，吕开宇. 经营规模、地权期限与跨期农业技术采用——以秸秆直接还田为例 [J]. 中国农村经济，2018（3）：61-74.

[207] 徐涛，赵敏娟，李二辉，等. 技术认知、补贴政策对农户不同节水技术采用阶段的影响分析 [J]. 资源科学，2018，40（4）：809-817.

[208] 薛彩霞，黄玉祥，韩文霆. 政府补贴、采用效果对农户节水灌溉技术持续采用行为的影响研究 [J]. 资源科学，2018，40（7）：1418-1428.

[209] 徐世艳，李仕宝. 现阶段我国农民的农业技术需求影响因素分析 [J]. 农业技术经济，2009（4）：42-47.

[210] 谢文宝，陈彤，刘国勇. 乡村振兴背景下农户耕地质量保护技术采纳差异分析 [J]. 改革，2018（11）：117-129.

[211] 于正松. 农业科技园技术扩散的农户采用行为研究 [D]. 西北大学博士学位论文，2014.

[212] 余威震，罗小锋，黄炎忠，等. 内在感知、外部环境与农户有机肥替代技术持续使用行为 [J]. 农业技术经济，2019（5）：66-74.

[213] 杨其长. 我国农业科技示范园区的功能定位、技术背景与战略对策研究 [J]. 中国农业科技导报，2001（3）：14-17.

[214] 喻登科，彭静，刘彦宏，等. 农业专利技术扩散的时空规律——以水稻抛秧技术为例 [J]. 情报杂志，2017，36（12）：90-97+105.

[215] 闫杰，苏竣. 信息技术在农业知识扩散中的应用 [J]. 科研管理，2000（3）：49-55.

[216] 余国新，李孟华，杨毅. 新疆番茄农户技术需求优先序及决策行为分析——以新疆巴州农户调查为例 [J]. 科技管理研究，2013，33（16）：218-222.

[217] 喻永红，张巨勇．农户采用水稻 IPM 技术的意愿及其影响因素——基于湖北省的调查数据［J］．中国农村经济，2009（11）：77-86．

[218] 杨志海．老龄化、社会网络与农户绿色生产技术采纳行为——来自长江流域六省农户数据的验证［J］．中国农村观察，2018（4）：44-58．

[219] 喻登科，彭静，涂国平，等．我国农业技术扩散环境的评价研究［J］．数学的实践与认识，2018，48（6）：43-57．

[220] 于正松，李同昇，李献波，等．西北地区农业技术扩散环境的空间分异——以陕、甘、宁县域为例［J］．地理科学进展，2013，32（4）：618-626．

[221] 元成斌，吴秀敏．农户采用有风险技术的意愿及影响因素研究［J］．科技进步与对策，2010，27（1）：14-19．

[222] 张照新，赵海．新型农业经营主体的困境摆脱及其体制机制创新［J］．改革，2013（2）：78-87．

[223] 曾刚．技术扩散与区域经济发展［J］．地域研究与开发，2002（3）：38-41．

[224] 郑风田．制度变迁与中国农民经济行为［M］．北京：中国农业科技出版社，2000．

[225] 张纯洪，赵英才．基于个体行为与群体行为下的"经济人"假设理论分析［J］．生产力研究，2006（1）：30-31+66．

[226] 翟虎渠，曾希柏，沈贵银，等．现代农业科技园区评价指标体系研究［J］．农业现代化研究，2003（1）：40-44．

[227] 曾刚，林兰．技术扩散与高技术企业区位研究［M］．北京：科学出版社，2008．

[228] 宋德军，刘阳．中国农业技术扩散速度测定及发展策略研究［J］．科技与经济，2008，21（6）：35-38．

[229] 张海燕，邓刚．西部地区农业技术扩散速度测定及发展策略［J］．统计与决策，2012（10）：142-144．

[230] 赵绪福．贫困山区农业技术扩散速度分析［J］．农业技术经济，1996（4）：41-43．

[231] 张标，张领先，王洁琼．我国农业技术推广扩散作用机理及改进策略

[J]. 科技管理研究, 2017, 37 (22): 42-51.

[232] 朱萌, 齐振宏, 邬兰娅, 等. 新型农业经营主体农业技术需求影响因素的实证分析——以江苏省南部395户种稻大户为例 [J]. 中国农村观察, 2015 (1): 30-38+93-94.

[233] 祝华军, 田志宏. 稻农采用低碳技术措施意愿分析——基于南方水稻产区的调查 [J]. 农业技术经济, 2013 (3): 62-71.

[234] 张哲晰, 穆月英, 侯玲玲, 等. 环渤海地区滴灌的资源与经济效应——政府与农户目标一致性检验 [J]. 资源科学, 2019, 41 (8): 1400-1415.

[235] 朱月季, 周德翼, 游良志. 非洲农户资源禀赋、内在感知对技术采纳的影响——基于埃塞俄比亚奥罗米亚州的农户调查 [J]. 资源科学, 2015, 37 (8): 1629-1638.

[236] 郑旭媛, 王芳, 应瑞瑶. 农户禀赋约束、技术属性与农业技术选择偏向——基于不完全要素市场条件下的农户技术采用分析框架 [J]. 中国农村经济, 2018 (3): 105-122.

[237] 朱萌, 齐振宏, 罗丽娜, 等. 不同类型稻农保护性耕作技术采纳行为影响因素实证研究——基于湖北、江苏稻农的调查数据 [J]. 农业现代化研究, 2015, 36 (4): 624-629.

[238] 张益, 孙小龙, 韩一军. 社会网络、节水意识对小麦生产节水技术采用的影响——基于冀鲁豫的农户调查数据 [J]. 农业技术经济, 2019 (11): 127-136.